WORKBOOK/VIDEO MANUAL/LAB MANU

AVENTURAS

Primer curso de lengua española

Donley • Benavides • Márquez

Boston, Massachusetts

ISBN 1-59334-002-8

10 9 8 7 6 5 4 B 07 06 05 04

Contenido

ANSWERS TO **WORKBOOK** ACTIVITIES

ANSWERS TO **LAB** ACTIVITIES

PREPARACIÓN

1 1. Me llamo Pepe. 2. Nada. 3. Soy de Ecuador. 4. Nos vemos. 5. Muy bien, gracias. 6. El gusto es mío. 7. Encantada. 8. De nada.

2 1. está 2. usted 3. Muy 4. cómo 5. Le 6. gusto 7. es 8. mío 9. eres 10. Soy 11. de 12. Hasta 13. vemos 14. Adiós/Chau

3 1. Qué 2. Hasta 3. Mucho 4. presento 5. Cómo 6. Buenos 7. gusto 8. vemos **Saludos:** ¿Qué pasa?, ¿Cómo estás?, Buenos días. **Despedidas:** Hasta luego., Nos vemos. **Presentaciones:** Mucho gusto., Te presento a Irene., El gusto es mío.

4 1. Estados Unidos 2. México 3. Ecuador 4. Puerto Rico 5. España

5 1. Buenos días. 2. Regular 3. Washington 4. Muchas gracias. 5. ¿De dónde eres? 6. Chau.

GRAMÁTICA

1.1 Nouns and articles

1 1. el 2. la 3. la 4. el 5. la 6. la 7. el 8. la 9. el
Masculino: el hombre, el pasajero, el chico, el profesor
Femenino: la profesora, la chica, la mujer, la conductora, la pasajera

2 1. el 2. la 3. los 4. el 5. las 6. la 7. el 8. el 9. las 10. los

3 1. una capital 2. unos días 3. unos cuadernos 4. un número 5. unas computadoras 6. una escuela 7. un mapa 8. unos programas 9. un autobús 10. unas palabras

4 1. los turistas, unos turistas 2. la foto, una foto 3. el pasajero, un pasajero 4. las maletas, unas maletas

1.2 Numbers 0-30

1 1. (*horizontal*) veinticinco 1. (*vertical*) veintidós 2. nueve 3. catorce 4. cero 5. once 6. veinte 7. diez 8. dieciséis 9. siete 10. ocho 11. cuatro 12. trece

2 1. Hay tres diccionarios. 2. Hay doce estudiantes. 3. Hay diez lápices. 4. Hay siete maletas. 5. Hay veinticinco palabras. 6. Hay veintiún países. 7. Hay trece grabadoras. 8. Hay dieciocho pasajeros. 9. Hay quince computadoras. 10. Hay veintisiete pasajeros.

1.3 Present tense of *ser*

1 1. usted, él 2. ustedes, ellas 3. ustedes, ellos 4. usted, ella 5. tú, él 6. usted, él 7. ustedes, ellas 8. usted, él 9. ustedes, ellos 10. usted, ella

2 1. son 2. somos 3. es 4. es 5. soy 6. es 7. eres 8. son

3 1. son estudiantes. 2. es de Puerto Rico. 3. son conductores. 4. eres estudiante. 5. somos del Ecuador. 6. soy profesora. 7. es de España. 8. son de México.

4 1. Es el diccionario del estudiante./ El diccionario es del estudiante. 2. Son los cuadernos de las chicas./ Los cuadernos son de las chicas. 3. Es la mano de Manuel. 4. Son las maletas de la turista./ Las maletas son de la turista. 5. Son los mapas de los profesores./ Los mapas son de los profesores. 6. Es el autobús del conductor/ El autobús es del conductor. 7. Son los lápices de la joven./ Los lápices son de la joven. 8. Es la fotografía de los chicos./ La fotografía es de los chicos. 9. Es la computadora de la directora./ La computadora es de la directora. 10. Es la capital del país.

5 1. Lina y María son de Colombia. 2. El profesor es de México. 3. Tú y los jóvenes son de Argentina. 4. Las estudiantes son de los Estados Unidos. 5. Ellos son de/del Ecuador. 6. La mujer es de Puerto Rico. 7. Los turistas son de España. 8. Él y yo somos de Chile. 9. Nosotras somos de Cuba. 10. Usted es de Venezuela.

6 1. ¿De quién son los lápices? 2. ¿De dónde es Lilia? 3. ¿Qué es? 4. ¿Quiénes son ellas?

1.4 Telling time

1 1. Son las cinco menos cuarto/quince. 2. Son las doce y siete. 3. Son las ocho menos dos. 4. Son las dos y cuarto/quince. 5. Son las seis y media. 6. Es la una y veinte.

2 1. Son las cuatro menos veinte de la tarde. 2. Son las seis (en punto) de la mañana. 3. Son las nueve y cuarto/quince de la noche. 4. Son las doce del mediodía./Es el mediodía. 5. Es la una y diez de la tarde. 6. Son las once menos cuarto/quince de la mañana. 7. Son las cinco y cinco de la tarde. 8. Son las doce menos diez de la noche. 9. Es la una y media de la mañana. 10. Son las diez (en punto) de la noche.

3 1. La clase de biología es a las nueve menos cuarto/quince de la manana. 2. La clase de cálculo es a las once (en punto) de la mañana. 3. El almuerzo es al mediodía/a las doce. 4. La clase de español es a las dos (en punto) de la tarde. 5. La clase de yoga es a las cuatro y cuarto/quince de la tarde. 6. El programa especial es a las diez y media (treinta) de la noche.

4 **Síntesis:** Answers will vary.

PREPARACIÓN

1 1. cafetería 2. geografía 3. cursos 4. laboratorio 5. biblioteca 6. clase

2 **Horizontal:** física, español, arte, prueba, clase, periodismo, horario
Vertical: sociología, tarea, química, biología, inglés

3 1. Es martes. 2. Es viernes. 3. Es jueves. 4. Es martes. 5. Es miércoles. 6. Es domingo. 7. Es lunes. 8. Es sábado. 9. Es viernes. 10. Es domingo.

4 1. profesora 2. horario 3. examen 4. arte 5. computación 6. laboratorio 7. biblioteca 8. geografía

GRAMÁTICA

2.1 Present tense of regular *-ar* verbs

1 1. canto, cantas, canta, cantamos, cantan 2. preguntar, preguntas, pregunta, preguntamos, preguntan 3. contestar, contesto, contesta, contestamos, contestan 4. practicar, practico, practicas, practicamos, practican 5. desear, deseo, deseas, desea, desean 6. llevar, llevo, llevas, lleva, llevamos

2 1. viajan 2. hablamos 3. llegan 4. dibujo 5. compra 6. regresan 7. termina 8. buscas

3 1. regresamos 2. toman 3. esperan 4. conversas 5. trabaja 6. busco 7. compran 8. enseña

4 1. Una estudiante desea hablar con su profesora de biología. 2. Mateo baila en la cafetería de la universidad. 3. Los profesores contestan las preguntas de los estudiantes. 4. (Nosotros) Esperamos viajar a Madrid. 5. Ella habla de computación con su compañera de cuarto. 6. (Yo) Necesito practicar los verbos en español.

5 1. Juanita y Raúl no trabajan en la biblioteca. 2. El conductor no llega al mediodía. 3. No deseo comprar tres cuadernos. 4. El estudiante no espera a la profesora 5. No estudiamos a las seis de la mañana. 6. (Tú) No necesitas usar la computadora.

6 1. Sí, estudio biología en la universidad./No, no estudio biología en la universidad. 2. Sí, converso mucho con los compañeros de clase./No, no converso mucho con los compañeros de clase. 3. Sí, espero estudiar administración de empresas./No, no espero estudiar administración de empresas. 4. Sí, necesito descansar después de los exámenes./No, no necesito descansar después de los exámenes. 5. Sí, compro los libros en la librería./No, no compro los libros en la librería. 6. Sí, escucho música jazz./No, no escucho música jazz.

2.2 Forming questions in Spanish

1 1. ¿Son Uds. de Puerto Rico?/¿Son de Puerto Rico Uds.? 2. ¿Dibuja el estudiante un mapa?/¿Dibuja un mapa el estudiante? 3. ¿Llegan en autobús los turistas?/¿Llegan los turistas en autobús? 4. ¿Termina la clase a las dos de la tarde?/¿Termina a las dos de la tarde la clase? 5. ¿Trabaja Samuel en la biblioteca?/¿Trabaja en la biblioteca Samuel? 6. ¿Miran los chicos un programa de televisión?/¿Miran un programa de televisión los chicos? 7. ¿Enseña el profesor Miranda la clase de sociología?/¿Enseña la clase de sociología el profesor Miranda? 8. ¿Compra Isabel cinco libros de historia?/¿Compra cinco libros de historia Isabel? 9. ¿Estudian Mariana y Javier para el examen?/¿Estudian para el examen Mariana y Javier? 10. ¿Conversan ellas en la cafetería de la universidad?/¿Conversan en la cafetería de la universidad ellas?

2 1. ¿Adónde caminan Paco y Rosa? 2. ¿De dónde es el profesor de español? 3. ¿Cuántos estudiantes hay en la clase? 4. ¿Quién es el compañero de cuarto de Jaime? 5. Dónde es la clase de física? 6. ¿Qué lleva Julia? 7. ¿Cuándo termina el programa de televisión? 8. ¿Por qué estudias/estudia biología?

3 1. ¿Canta Sara en el coro de la universidad?, ¿Canta en el coro de la universidad Sara?, Sara canta en el coro de la universidad, ¿no?, Sara canta en el coro de la universidad, ¿verdad? 2. ¿La estudiante busca el libro de arte?, ¿Busca el libro de arte la estudiante?, ¿Busca la estudiante el libro de arte?, La estudiante busca el libro de arte, ¿verdad? ¿no? 3. ¿La profesora Gutiérrez enseña contabilidad?, ¿Enseña la profesora Gutiérrez contabilidad?, La profesora Gutiérrez enseña contabilidad, ¿no?, La profesora Gutiérrez enseña contabilidad, ¿verdad? 4. ¿Necesitan Uds. hablar con el profesor de historia?, ¿Necesitan hablar con el profesor de historia Uds.?, Uds. necesitan hablar con el profesor de historia, ¿no?, Uds. necesitan hablar con el profesor de historia, ¿verdad?

4 1. Dónde 2. Cuándo 3. De dónde 4. Cuántos 5. Adónde 6. Qué 7. Por qué 8. Quién

2.3 The Present tense of *estar*

1 1. Cristina y Bruno están en el estadio. 2. La profesora y el estudiante están en la clase. 3. La puerta está al lado de/a la derecha de/cerca de la ventana. 4. La mochila está debajo de la pizarra. 5. El pasajero está en el autobús. 6. José Miguel está en el laboratorio.

2 1. Los libros están cerca del escritorio. 2. Uds. están al lado de la puerta. 3. El diccionario está entre las computadoras. 4. Los lápices están sobre el cuaderno. 5. El estadio está lejos de las residencias. 6. Las mochilas están debajo de la mesa. 7. Tú estás en la clase de psicología. 8. El reloj está a la derecha de la ventana. 9. Rita está a la izquierda de Julio.

3 1. está 2. están 3. son 4. es 5. Son 6. estamos

4 1. Estás 2. estoy 3. está 4. está 5. está 6. está 7. está

5 1. estás 2. es 3. eres 4. Soy 5. eres 6. Soy 7. está 8. Está 9. es 10. Es 11. es 12. Son 13. está 14. está

2.4 Numbers 31-100

1 1. siete, setenta y seis, setenta y siete, noventa y nueve 2. cinco, cuarenta y tres, treinta y uno, sesenta y dos 3. cuatro, ochenta y tres, cuarenta y siete, cuarenta y cinco 4. tres, cincuenta y dos, cincuenta, setenta y tres 5. ocho, ochenta y ocho, setenta y cinco, cuarenta 6. cinco, sesenta y seis, treinta y ocho, cincuenta y siete 7. cuatro, noventa y dos, sesenta, treinta y tres 8. siete, ochenta, cincuenta y siete, setenta

2 1. Hay sesenta y seis mapas. 2. Hay treinta y una mochilas. 3. Hay cuarenta y tres diccionarios. 4. Hay cincuenta cuadernos. 5. Hay ochenta y cinco plumas. 6. Hay noventa y un lápices. 7. Hay treinta computadoras. 8. Hay setenta y dos grabadoras.

3 1. treinta y cinco 2. cuarenta y tres 3. sesenta y cinco 4. ochenta y dos 5. cuarenta y siete 6. cincuenta y tres

4 **Síntesis:** Answers will vary.

AVENTURAS EN LOS PAÍSES HISPANOS

1 1. San Francisco; 1.5 millones de hispanos
2. Los Ángeles; 6.5 millones de hispanos
3. Chicago; 1.3 millones de hispanos
4. Nueva York; 3.5 millones de hispanos
5. Miami; 1.8 millones de hispanos

2 **Origen:** 5. Cuba 3. Puerto Rico 1. México 2. Centroamérica y Sudamérica 4. Otros países **Estados** 3. Nueva York 5. Illinois 4. Florida 1. California 2. Texas

3 1. El desfile de junio en Nueva York es de puertorriqueños. 2. Los tacos son comida mexicana. 3. La Pequeña Habana es un barrio cubano. 4. El Palacio de los Gobernadores tiene orígenes españoles. 5. 34. 540.000 es la población de origen hispano en los Estados Unidos.

4 1. Texas 2. castillo. 3. tacos. 4. Miami. 5. periodista. 6. México. 7. Rosie. 8. astronauta. 9. mexicana. 10. Arizona. 11. desfile. 12. Castro. 13. española. **Estados Unidos** es un país de habla española.

Lección 3

PREPARACIÓN

1 1. Juan Carlos y Sofía son los abuelos de Pilar. 2. Pilar es la hija de Ana María y Luis Miguel. 3. Eduardo es el esposo de Raquel. 4. José Antonio y Ramón son los hermanos de Concha. 5. Raquel es la tía de Pilar. 6. Concha, José Antonio y Ramón son los primos de Pilar. 7. Ana María es la cuñada de Raquel. 8. Joaquín es el yerno de Ana María y Luis Miguel.

2 1. hijastra 2. nieto 3. artista 4. novio 5. tíos 6. amiga

3 **Horizontales:** 3. sobrino 4. madrastra 6. nieto 7. cuñado 8. programador 10. abuela 11. familia 12. hermanastro 15. médico 16. hijos 17. gente 18. hijastra
Verticales: 1. periodista 2. amigos 4. muchachos 5. yerno 8. primo 9. parientes 13. artistas 14. tío

GRAMÁTICA

3.1 Descriptive adjectives

1 1. La profesora de historia es alta. 2. David y Simón son guapos. 3. El artista es simpático. 4. Esas muchachas son delgadas. 5. El abuelo de Alberto es viejo. 6. La programadora es trabajadora.

2 1. buenos 2. alto, guapo 3. bajas, delgadas 4. morenos, pelirroja 5. inteligentes, trabajadoras 6. simpáticos, tontos

3 1. No, es simpático. 2. No, son rubias. 3. No, es guapa/bonita. 4. No, son jóvenes. 5. No, son buenos. 6. No, es feo.

4 1. Keiko y Benkei Taguchi son de Tokio. Son japoneses. 2. Pierre y Marie Lebrun son de Montreal. Son canadienses. 3. Luigi Mazzini es de Roma. Es italiano. 4. Elizabeth Mitchell es de Londres. Es inglesa. 5. Roberto Morales es de Madrid. Es español. 6. Andrés y Patricia Padilla son de Quito. Son ecuatorianos. 7. Paula y Cecilia Robles son de San Juan. Son puertorriqueñas. 8. Conrad Schmidt es de Berlín. Es alemán. 9. Antoinette y Marie Valois son de París. Son francesas. 10. Marta Zedillo es de Guadalajara. Es mexicana.

5 1. buena 2. buen 3. buena 4. buenos 5. mala 6. mal 7. mala 8. malas 9. gran 10. grandes 11. grande 12. gran

3.2 Possessive adjectives

1 1. Sí, es su mochila. 2. Sí, es tu clase de español. 3. Sí, son sus papeles. 4. Sí, es su diccionario. 5. Sí, es mi novia. 6. Sí, son nuestros lápices.

2 1. mis 2. su 3. nuestros 4. tu 5. sus 6. mi

3 1. ¿Cuál es el problema de ella? 2. Trabajamos con la madre de ellos. 3. ¿Dónde están los papeles de Uds.? 4. ¿Son las plumas de ella? 5. ¿Quiénes son los compañeros de cuarto de él? 6. ¿Cómo se llaman los sobrinos de Ud.?

4 1. Mi 2. Sus 3. tu 4. Nuestros 5. su 6. mis 7. su 8. Nuestra

5 1. Son sus sillas. 2. Es tu mochila. 3. Es nuestra mesa. 4. Es mi maleta. 5. Son sus lápices. 6. Es su grabadora.

6 1. Mi padre es alto y moreno. 2. Tus/Sus papeles están en el escritorio. 3. Su escuela es pequeña y vieja. 4. Nuestros amigos son puertorriqueños. 5. Tu tarea está en la mesa. 6. Sus hermanos son simpáticos.

Lección 3

3.3 Present tense of regular *-er* and *-ir* verbs

1 1. lees 2. Leo 3. viven 4. vivimos 5. comen 6. como, come 7. debemos 8. deben 9. Escribes 10. escribo

2 1. (Nosotros) Escribimos muchas composiciones en la clase de inglés. 2. Esteban y Luisa aprenden a bailar el tango. 3. ¿Quién no comprende la lección de hoy? 4. (Tú) Debes comprar un mapa de Quito. 5. Ellos no reciben muchas cartas de sus padres. 6. (Yo) Busco una foto de mis primos.

3 1. corres 2. asisto 3. Aprende 4. comprendo 5. comen 6. leemos

4 1. Ellos creen que la lección 3 es fácil. 2. La gente come hamburguesas en la cafetería. 3. Aprendo a hablar, leer y escribir en la clase de español. 4. Escribes en tu diario todos los días. 5. Víctor comparte sus problemas con sus padres. 6. Vivimos en una residencia interesante y bonita.

5 1. Nosotros comemos en la cafetería. 2. Yo abro una ventana. 3. Mirta lee un libro. 4. Los estudiantes aprenden a dibujar.

3.4 Present tense of *tener* and *venir*

1 1. vienen 2. Vienes 3. tenemos 4. viene 5. tengo, tiene 6. Tienen 7. tienen 8. viene, vengo 9. venimos 10. tienes 11. tengo 12. vienen

2 1. Los estudiantes tienen miedo de tomar el examen de química. 2. Las turistas tienen prisa por llegar al autobús. 3. Mi madre tiene razón siempre. 4. Vienes a la cafetería cuando tienes hambre. 5. Tengo frío en la biblioteca porque abren las ventanas. 6. Rosaura y María tienen ganas de mirar la televsión. 7. Nosotras tenemos cuidado con el sol. 8. David toma mucha agua cuando tiene sed.

3 1. tienen miedo 2. tener cuidado 3. tengo que 4. tenemos ganas 5. tiene razón 6. tienes (mucha) suerte

4 **Síntesis:** Answers will vary.

Lección 4

PREPARACIÓN

1 1. el tenis 2. la natación 3. el golf 4. el ciclismo 5. el esquí 6. el fútbol americano

2 1. trabajar 2. descansar 3. películas 4. museo 5. tenis 6. aficionado/a

3 **Deportes:** fútbol, béisbol, baloncesto
Lugares: restaurante, montañas, gimnasio
Personas: aficionado/a, jugador(a), excursionista

4 1. escala 2. jugador 3. equipo 4. practica 5. escribe 6. esquí 7. fin de semana 8. bucean 9. leo 10. visitamos

GRAMÁTICA

4.1 The present tense of *ir*

1 1. Vamos 2. vamos 3. van 4. voy 5. voy 6. voy 7. vamos 8. voy 9. va 10. va 11. vamos

2 1. Mi primo va a casa de mis/sus abuelos los fines de semana. 2. Los estudiantes van a la librería a comprar unos cuadernos. 3. (Tú) Vas a la residencia estudiantil a buscar la mochila. 4. (Yo) Voy al estadio a practicar hockey. 5. (Nosotras) Vamos al museo de ciencias en autobús. 6. Mario y tú van mucho al cine.

3 1. Ana va al laboratorio hoy. 2. Mis amigos van a bailar mañana. 3. Voy a la clase de música a las once menos cuarto. 4. José va a viajar a Boston en septiembre. 5. Voy a leer el correo electrónico en la residencia estudiantil. 6. El novio de Silvia va a nadar en la piscina. 7. El autobús número diez va al parque municipal. 8. Voy a trabajar en la biblioteca los sábados.

4 1. La familia García va a ir al parque. 2. Los jugadores van a ganar el partido. 3. Los excursionistas van a escalar montañas. 4. Gisela va a leer su correo electrónico. 5. (Tú) Vas a decidir ir al laboratorio de química. 6. Mis compañeros de clase y yo vamos a visitar la biblioteca del Congreso en Washington, D.C. 7. El profesor de historia va a preparar un examen difícil. 8. (Yo) Voy a escribir postales a mi novio/a.

4.2 Stem-changing verbs: e→ie, o→ue

1 1. piensa 2. pierde 3. vuelve 4. empiezan 5. dormimos 6. cierran 7. muestra 8. Recuerdo 9. Quieres 10. encuentro

2 1. Vicente y Francisco juegan al voleibol los domingos. 2. Adela y yo empezamos a tomar clases de tenis. 3. Uds. vuelven de Cancún el viernes. 4. Los jugadores de béisbol recuerdan el importante partido. 5. La profesora quiere leer el períodico. 6. El excursionista prefiere escalar la montaña de noche. 7. Duermo ocho horas al día. 8. Miguel puede salir a las seis. 9. Silvina y Carlos no encuentran el museo. 10. Cierras los libros y te vas a dormir.

3 1. No, no queremos patinar en línea con ustedes. 2. No, (ellas) no empiezan a practicar deportes mañana. 3. No, no prefiero jugar al fútbol a nadar en la piscina. 4. No, (mis sobrinos) no duermen en casa de mi abuela. 5. No, no jugamos al baloncesto en la universidad. 6. No, no pienso que la clase de química orgánica es difícil. 7. No, no encuentro el programa de computadoras en la librería. 8. No, no volvemos a casa los fines de semana. 9. No, no puedes tomar el autobús a las once de la noche. 10. No, no entendemos la tarea de psicología.

4 1. empiezan 2. dormimos 3. entiendes 4. pienso 5. vuelvo 6. prefiero 7. Quiero 8. compramos 9. podemos 10. jugamos

Lección 4

4.3 Stem-changing verbs: e→i

1 1. piden 2. prefieren 3. decidimos 4. conseguimos 5. repito 6. siguen

2 1. pides 2. Pido 3. consiguen 4. conseguimos 5. repite 6. repito 7. siguen 8. sigue, sigue

3 1. Sí, me siento feliz cuando consigo buenas calificaciones en la escuela./No, no me siento feliz cuando consigo buenas calificaciones en la escuela. 2. Sí, repito muchas veces una oración para aprenderla de memoria./No, no repito muchas veces una oración para aprenderla de memoria. 3. Sí, escribo mensajes electrónicos a mis compañeros de clase./No, no escribo mensajes electrónicos a mis compañeros de clase.
4. Sí, sigo a mi profesora cuando ella da una explicación./No, no sigo a mi profesora cuando ella da una explicación./Sí, puedo seguir a mi profesora cuando ella da una explicación./No, no puedo seguir a mi profesora cuando ella da una explicación. 5. Sí, decido ir a jugar si tengo que estudiar./No, no decido ir a jugar si tengo que estudiar. 6. Sí, pido autorización a mi profesora./No, no pido autorización a mi profesora.

4 **Suggested answers:** 1. Ellos deciden ir al cine.
2. Siguen la recomendación de un crítico.
3. Ellos quieren conseguir entradas para estudiantes porque no tienen mucho dinero./Porque no tienen mucho dinero.
4. Pueden conseguir entradas para estudiantes a las seis de la tarde en la oficina de la escuela./Pueden conseguir entradas para estudiantes en la oficina de la escuela a las seis de la tarde. 5. Cuando llegan a la oficina de la escuela, la oficina está cerrada./La oficina está cerrada./La oficina está cerrada y la secretaria está afuera. 6. Le piden las entradas a la secretaria. Creo que sí les vende las entradas.

5 **Síntesis:** Answers will vary.

4.4 Verbs with irregular *yo* forms

1 1. Oigo 2. Pongo 3. Hago 4. Traigo 5. Veo 6. Salgo 7. Supongo 8. Traigo

2 1. Salgo 2. traigo 3. Supongo 4. pongo 5. hago 6. Oigo, veo/Veo, oigo

3 1. Sí, salgo mucho a bailar con mis amigas.
2. Sí, veo a los jugadores de béisbol practicar para el partido. 3. Sí, hago la tarea en el centro de computación. 4. Sí, pongo la computadora portátil sobre el escritorio en clase. 5. Sí, oigo música clásica con mi compañera de cuarto.

4 1. Salgo a las seis de la mañana. 2. Traigo la bicicleta a la universidad. 3. Hago un plato mexicano delicioso. 4. Supongo que María tiene razón. 5. Pongo las revistas sobre la mesa. 6. Veo muchas películas. 7. Oigo a las chicas que tocan la guitarra. 8. Pongo las mochilas debajo de la mesa.

5 Hago mis tareas todas las tardes y salgo por las noches a bailar o a comer en un restaurante cerca de la universidad. Los fines de semana, voy a mi casa a descansar, pero traigo mis libros. En los ratos libres, oigo música o veo una película en el cine. Si hay un partido de fútbol, pongo la televisión y veo los partidos con mi papá. Hago algo de comer y pongo la mesa.

AVENTURAS EN LOS PAÍSES HISPANOS

1 1. Francia 2. todas las ciudades importantes 3. pintores 4. las condiciones sociales, su país 5. la región sur de México, la península de Yucatán, otros países de Centroamérica 6. pirámides 7. La base 8. México, los Estados Unidos

2 **Suggested answers:** 1. La moneda mexicana es el peso mexicano. 2. Los Mayas crearon formidables ciudades con templos religiosos. 3. En el Museo de Arte Moderno de la Ciudad de México puedes ver obras de Kahlo y Rivera. 4. En Acapulco miles de turistas visitan La Quebrada. 5. Los mexicanos celebran el 5 de mayo con fiestas y desfiles./Los mexicanos celebran la victoria de México en la Batalla de Puebla. 6. La capital de México tiene una población mayor que la de Guadalajara (Monterrey, Puebla, Cancún, Ciudad Juárez)

3 1. LA QUEBRADA 2. MEXICANO 3. CIUDAD JUÁREZ 4. PIRÁMIDE 5. ENCHILADAS 6, GUATEMALA.

4 **Suggested answers:** 1. Diego Rivera y Frida Kahlo 2. Una pirámide 3. Una mujer cocinando tortillas 4. Fiestas y desfiles del cinco de mayo.

5 1. Las cinco ciudades principales de México son Guadalajara, Monterrey, Puebla, Cancún y Ciudad Juárez. 2. Los países que están en la frontera con México son los Estados Unidos, Belice y Guatemala. 3. Un río importante de México es el Río Bravo del Norte/Río Grande. 4. Las dos sierras importantes de México son la Sierra Madre Oriental y la Sierra Madre Occidental. 5. La ciudad mexicana importante que está en la frontera con los Estados Unidos es Ciudad Juárez. 6. Frida Kahlo y Diego Rivera se interesaron en las condiciones sociales de los indios y los campesinos. 7. La batalla contra Francia fue en Puebla. 8. Puebla tiene 2.025.000 habitantes.

REPASO LECCIONES 1-4

1 1. son 2. está 3. son 4. Soy, estás 5. está 6. está

2 **Carmen:** médica, cincuenta y uno, ecuatoriana
Gloria: artista, treinta y dos
David: conductor, cuarenta y cinco, canadiense
Ana: treinta y siete, española

3 1. Juan Carlos y Beto juegan al fútbol. 2. El/La estudiante llega a la gran biblioteca a las cinco y media (treinta) de la tarde. 3. Hay quince cuadernos sobre el escritorio. 4. Yo aprendo español en la escuela. 5. La conductora del autobús no es antipática. 6. Nosotros repetimos el vocabulario.

4 1. haces 2. tengo 3. voy 4. empieza 5. Supongo 6. Quieres

5 1. ¿Dónde vives? 2. ¿Cuántas clases tomas? 3. ¿Qué estudias? 4. ¿Quién es tu profesor favorito?

6 Answers will vary.

Lección 5

PREPARACIÓN

1 1. un(a) huésped 2. la estación de tren/del metro 3. al aeropuerto 4. el pasaje, el equipaje, el pasaporte 5. el/la botones 6. una agencia de viajes 7. la aduana 8. una llave 9. una pensión 10. el pasaporte

2 1. la habitación 2. el huésped 3. el empleado 4. la llave 5. la huésped 6. la maleta/el equipaje 7. el botones 8. el ascensor

3 1. febrero 2. marzo 3. diciembre 4. mayo 5. julio 6. enero

4 1. Nieva. 2. Está nublado./Hace mal tiempo./Llueve. 3. Hace viento./Hace buen tiempo./Hace calor./Hace sol. 4. Hay niebla./Hay contaminación. 5. Hace calor./Hace sol./Hace buen tiempo. 6. Hace calor. 7. Hace buen tiempo./Hace fresco./Hace sol./Hace calor. 8. Hace frío. 9. Llueve./Hace mal tiempo. 10. Hace frío./Llueve.

5 1. pasajes 2. pasaportes 3. equipaje 4. sacar fotos 5. aeropuerto 6. taxi 7. confirmar 8. agente de viajes 9. hacer turismo 10. playa 11. llegada 12. hotel

GRAMÁTICA

5.1 *Estar* with conditions and emotions

1 1. a. trabaja mucho 2. b. va a venir un huracán 3. a. nieva mucho y no pueden salir 4. c. no saben la respuesta 5. b. su novio es simpático, inteligente y guapo 6. a. vamos a pasar el verano con ellos

2 1. estamos, aburridos/as 2. está, cómodo 3. están equivocados 4. está, cansada 5. está desordenada 6. está cerrada 7. está, sucio 8. está contento/feliz/alegre 9. está triste 10. están abiertas

3 1. estoy feliz/contento 2. estás triste 3. estoy seguro 4. estamos cómodos 5. están abiertas 6. está desordenado 7. estamos ocupados 8. estoy cansado 9. estoy aburrido 10. estoy nervioso 11. estoy enamorado 12. estoy contento/feliz

4 1. Vicente y Mónica están cansados. 2. Estamos equivocados/as. 3. El pasajero está nervioso. 4. Paloma está enamorada. 5. Los abuelos de Irene están contentos/felices/alegres. 6. No estoy seguro/a./Estoy nervioso/a.

5.2 The present progressive

1 1. está buscando 2. están comiendo 3. Estoy empezando 4. están viviendo 5. está trabajando 6. Estás jugando 7. están teniendo 8. está abriendo 9. Estamos pensando 10. está estudiando

2 1. está leyendo el periódico 2. están jugando al fútbol 3. está paseando en bicicleta 4. está sacando una foto 5. están paseando/caminando 6. Estoy tomando el sol 7. está patinando en línea 8. Estás nadando

5.3 Comparing *ser* and *estar*

1 1. es, g. 2. están, l. 3. está, k. 4. está, m. 5. es, b. 6. está, j. 7. es, e. 8. Estoy, n. 9. es, c. 10. Es, d.

2 1. está, es 2. es, estoy 3. está, es 4. es, están 5. está, es 6. está, es

3 1. El escritorio está limpio y ordenado. 2. El restaurante japonés es excelente. 3. La puerta del auto está abierta. 4. Marc y Delphine son franceses. 5. Estoy cansada de trabajar. 6. Paula y yo estamos buscando un apartamento. 7. La novia de Guillermo es muy simpática. 8. La empleada del hotel está ocupada. 9. Uds. están en la ciudad de San Juan. 10. Eres José Javier Fernández.

4 1. son 2. están 3. Están 4. son 5. están 6. son 7. están 8. está 9. es 10. está 11. es 12. es 13. estamos 14. estamos

5.4 Direct object nouns and pronouns

1 1. lo 2. la 3. las 4. lo 5. la 6. los 7. las 8. la 9. lo 10. los

2 1. La preferimos reservar. Preferimos reservarla. 2. Ana y Alberto las pueden pedir. Ana y Alberto pueden pedirlas. 3. Rosario lo tiene que conseguir. Rosario tiene que conseguirlo. 4. Lo vas a perder si no terminas a las cinco. Vas a perderlo si no terminas a las cinco. 5. Mis abuelos las deben tener en su casa. Mis abuelos deben tenerlas en su casa. 6. La chica lo piensa tomar por la mañana. La chica piensa tomarlo por la mañana.

PREPARACIÓN

1 1. corbatas, cinturones, trajes de hombre, pantalones de hombre 2. sandalias, botas, guantes, abrigos 3. cinturones, bolsas, faldas, vestidos, blusas, gafas de sol 4. calcetines, medias, trajes de baño 5. cuarto 6. tercer 7. primer/segundo 8. tercer

2 1. un traje de baño 2. un impermeable 3. gafas de sol 4. zapatos de tenis 5. centro comercial 6. tarjeta de crédito

3 1. El chocolate es café. 2. Las bananas son amarillas/verdes 3. Las naranjas son anaranjadas. 4. La bandera de los Estados Unidos es roja, blanca y azul. 5. Cuando está nublado, las nubes son grises./Las nubes son grises cuando está nublado. 6. Los bluejeans son azules. 7. La nieve es blanca. 8. Las palabras de los libros son negras.

4 1. los pantalones 2. la corbata 3. la falda 4. la chaqueta 5. la camiseta 6. la camisa 7. los zapatos 8. el cinturón 9. las sandalias 10. la blusa

GRAMÁTICA

6.1 Numbers 101 and higher

1 1. cien mil 2. ciento diez mil 3. dos millones ciento diez mil 4. cien millones ciento diez mil 5. veinte millones de 6. trescientas setenta y cuatro 7. tres millones quinientos ochenta y cuatro mil cien 8. siete mil millones de 9. cuatrocientos noventa millones de 10. quinientos millones de

2 1. Hay doscientos setenta y cinco millones de habitantes en los Estados Unidos. 2. Hay ochocientos veintisiete pasajeros en el aeropuerto. 3. Hay veinticinco mil trescientos cincuenta estudiantes en la universidad. 4. Hay tres millones novecientos treinta mil puertorriqueños que viven en Puerto Rico. 5. Hay cincuenta y seis mil cuatrocientos sesenta dólares en su cuenta de banco. 6. Hay quinientos treinta mil turistas en la ciudad en el verano.

3 **Síntesis:** Answers will vary.

6.2 The preterite tense of regular verbs

1 1. encontró 2. recibió 3. terminaron 4. preparó 5. Recorrí 6. escucharon 7. viajaron 8. Compramos 9. Regresaste 10. vivieron

2 1. Ramón escribió una carta al director del programa. 2. Mi tía trabajó como dependienta en un gran almacén. 3. Comprendí el trabajo de la clase de biología. 4. La familia de Daniel vivió en Argentina. 5. Virginia y sus amigos comieron en el café de la librería. 6. Los ingenieros terminaron la construcción de la tienda en junio. 7. Siempre llevaste ropa muy elegante. 8. Los turistas caminaron por la playa cuando salió el sol. 9. Corrimos por el estadio antes del partido.

3 1. No, mi primo Andrés ya viajó a Perú. 2. No, ya busqué una tienda de computadoras en el centro comercial. 3. No, ya encontramos muchas rebajas en el centro. 4. No, María ya llevó las sandalias anoche. 5. No, Mónica y Carlos ya regatearon con el vendedor. 6. No, mi abuela ya paseó por la playa.

4 1. ¿Pagaste una compra con una tarjeta de crédito?, Sí, pagué una compra con una tarjeta de crédito./No, no pagué una compra con una tarjeta de crédito. 2. ¿Practicaste un deporte?, Sí, practiqué un deporte./No, no practiqué un deporte. 3. ¿Buscaste un libro en la biblioteca?, Sí, busqué un libro en la biblioteca./No, no busqué un libro en la biblioteca. 4. ¿Llegaste tarde a clase?, Sí, llegué tarde a clase./No, no llegué tarde a clase. 5. ¿Empezaste a escribir un trabajo?, Sí, empecé a escribir un trabajo./No, no empecé a escribir un trabajo.

6.3 Indirect object pronouns

1 1. Le 2. nos 3. les 4. les 5. nos 6. te 7. le 8. les 9. te 10. me

2 1. Le llevo unos zapatos de tenis. 2. Le compré un impermeable. 3. Nos traen trajes de baño. 4. Les escribimos las cartas de recomendación. 5. Uds. no le buscaron un vestido. 6. Les pides un café. 7. Les conseguimos unas gafas en rebaja. 8. Les buscas un sombrero. 9. No le terminamos el trabajo. 10. Le compro unos guantes.

3 1. Vas a pedirles dinero para los libros a tus padres. 2. Les quiero comprar unos guantes a mis sobrinos. 3. Clara le va a vender sus patines en línea. 4. Los clientes pueden pagarnos con tarjeta de crédito.

4 1. les 2. le 3. le 4. les 5. le 6. le 7. les 8. Les

5 1. No, no le escribió un correo electrónico. 2. No, no nos trae las maletas a la habitación. 3. No, no les venden las gafas. 4. No, no me da regalos. 5. No, no nos dice cómo llegar a la tienda nueva. 6. No, no te busqué la revista en la librería.

6.4 Demonstrative adjectives and pronouns

1 1. estos 2. ese 3. Aquella 4. este 5. Esas 6. estos

2 1. No, (Gloria) va a comprar esos pantalones. 2. No, llevé estos zapatos de tenis. 3. No, quiero ver estas medias. 4. No, (David) usa aquella chaqueta negra. 5. No, (Silvia) decidió comprar ese sombrero. 6. No, me mostró el vestido aquel dependiente.

3 1. éstas/ésas/aquéllas 2. éstos/ésos/aquéllos 3. ésta/ésa/aquélla 4. éstos/ésos/aquéllos 5. éste/ése/aquél 6. éstas/ésas/aquéllas

4 1. esta 2. ésta 3. ésa 4. Ésa 5. aquella 6. aquélla 7. este 8. Éste 9. ésos

5 **Síntesis:** Answers will vary.

AVENTURAS EN LOS PAÍSES HISPANOS

1 1. Mar Cantábrico 2. Pirineos 3. Barcelona 4. Madrid 5. Valencia 6. Sevilla 7. Estrecho de Gibraltar 8. Mar Mediterráneo

2 1. Europa 2. España 3. Barcelona; Valencia; Sevilla; Zaragoza 4. Buñol 5. Baleares; Canarias 6. Madrid

3 1. Valencia 2. la Plaza Mayor 3. peseta 4. europea 5. flamenco 6. Baleares 7. pintor 8. Madrid 9. Las Meninas 10. el Prado
El festival de Buñol se llama: La Tomatina.

4 1. la bandera de España 2. la Unión Europea 3. el flamenco 4. Las Meninas

Lección 7

PREPARACIÓN

1 1. champú 2. espejo/maquillaje 3. jabón 4. toalla 5. despertador

2 1. en el baño 2. en la habitación 3. en el baño 4. en el baño 5. en la habitación 6. en el baño 7. en el baño 8. en la habitación

3 1. Lupe se cepilla los dientes después de comer. 2. Ángel se afeita por la mañana. 3. Lupe se baña luego de correr. 4. Ángel se ducha antes de salir.

4 1. antes 2. despertarse 3. bailar 4. despertador 5. entonces 6. vestirse

5 Por la mañana Silvia se prepara para salir. Primero se levanta y se ducha. Después de ducharse, se viste. Entonces se maquilla. Antes de salir come algo y bebe un café. Por último se peina y se pone una chaqueta. Durante el día Silvia no tiene tiempo de volver a su casa. Más tarde come algo en la cafetería de la universidad y estudia en la biblioteca. Por la tarde, Silvia trabaja en el centro comercial. Por la noche llega a su casa y está cansada. Más tarde prepara algo de comer y mira la televisión un rato. Antes de acostarse a dormir siempre estudia un rato.

GRAMÁTICA

7.1 Reflexive verbs

1 1. se enojan 2. se despide 3. Me acuesto 4. se duchan 5. nos ponemos 6. Te preocupas 7. se lava 8. se pone

2 1. Sí, me cepillé los dientes después de comer. 2. Sí, Julia se maquilla antes de salir a bailar. 3. Sí, nos duchamos antes de entrar en la piscina. 4. Sí, los turistas se ponen sombreros cuando van a la playa. 5. Sí, te afeitaste/me afeité esta mañana antes de ir al trabajo. 6. Sí, se ponen/nos ponemos los vestidos en la habitación del hotel. 7. Sí, me duermo en el cine cuando veo películas aburridas. 8. Sí, Ana se sienta delante de Federico en clase. 9. Sí, nos quedamos en una pensión en Lima. 10. Sí, me acuerdo de las fotos que sacamos ayer.

3 1. se lava, lava 2. Peino, Me peino 3. Nos quitamos, Quitamos 4. se levantan, levantan

4 1. se levanta/se despierta 2. se lava 3. afeitarse 4. se quedan 5. se preocupa 6. se ponen 7. se enojó 8. se levantó/se despertó 9. maquillarme 10. irme 11. vestirme 12. acordarte

7.2 Indefinite and negative words

1 1. ningún 2. alguna 3. alguien 4. ningún 5. alguna 6. tampoco

2 1. No, ninguna 2. No, ningún 3. No, nada 4. No, nunca 5. No, nadie, nunca 6. ni, tampoco

3 1. Las dependientas no venden ninguna blusa/ninguna. 2. Nadie va de compras al centro comercial. 3. Nunca me cepillo los dientes antes de salir. 4. No te traigo ningún programa de la computadora/ninguno. 5. Mi hermano no prepara nada de comer. 6. No quiero tomar nada en el café de la librería.

4 1. No, (Alma) no tiene ninguna falda./no tiene ninguna. 2. No, nunca salgo los fines de semana./no salgo nunca los fines de semana. 3. No, (Gregorio) no quiere comer nada. 4. No, no le presté ningún disco de jazz (a César)./no le presté ninguno (a César). 5. No, no podemos/no pueden ni ir a la playa ni nadar en la piscina. 6. No, no encontré ningún cinturón barato en la tienda./no encontré ninguno. 7. No, no buscamos a nadie en la playa. 8. No, no me gusta ninguno de estos trajes./no me gusta ninguno.

5 Rodrigo nunca está leyendo ningún libro. Tampoco le gusta leer el periódico. Nunca lee nada. Nadie le pregunta si leyó ninguna novela de Mario Vargas Llosa. No leyó ningún libro de Vargas Llosa el año pasado. Tampoco leyó ninguna novela de Gabriel García Márquez. Ningún libro le encanta. No le gusta leer ni libros de misterios ni novelas fantásticas.

7.3 Preterite of *ser* and *ir*

1 1. fueron, ir 2. fue, ser 3. fuimos, ir 4. fueron, ser 5. Fuimos, ser 6. fue, ir 7. fueron, ir 8. fue, ser 9. Fui, ir 10. fue, ir

2 **Paragraph:** 1. fuimos 2. fue 3. fue 4. fuimos 5. fuimos 6. fue 7. fuimos 8. fuimos 9. fue 10. fuimos 11. fue 12. fui 13. fue 14. fuimos 15. fuimos 16. fue 17. fue 18. Fuiste
Infinitives: 1. ir 2. ser 3. ser 4. ir 5. ir 6. ser 7. ir 8. ir 9. ser 10. ir 11. ser 12. ser 13. ser 14. ir 15. ir 16. ser 17. ser 18. ir

7.4 *Gustar* and verbs like *gustar*

1 1. Te quedan bien las faldas y los vestidos. 2. No les molesta la lluvia. 3. No les gusta estar enojados. 4. Les aburre probarse ropa en las tiendas. 5. Le fascinan las tiendas y los almacenes. 6. Le faltan dos años para terminar la carrera. 7. Nos encanta pescar y nadar en el mar. 8. Me interesan las ruinas peruanas.

2 1. fascina 2. encantan 3. gusta 4. interesan 5. molesta 6. aburren 7. falta 8. encantan

3 1. Le queda bien la blusa cara. 2. Les molestan las canciones populares. 3. No te interesa caminar por la playa. 4. Me gustan aquellas gafas de sol. 5. Les encanta el centro comercial. 6. Nos faltan unas semanas de clase. 7. No les gustan las películas. 8. No les importa buscar unos libros nuestros.

4 1. me encantan 2. le molestan 3. le gusta 4. les falta 5. Te quedan 6. nos fascina 7. le importan 8. me aburren

5 1. Les gustaron las playas del Caribe. 2. Les interesaron las rebajas de verano. 3. Le encantó regatear y gastar poco dinero. 4. Nos faltó encontrar los pasajes para poder irnos.

6 **Síntesis:** Answers will vary.

Lección 8

PREPARACIÓN

1 1. los tomates 2. la sopa 3. las zanahorias 4. el jugo 5. el sándwich 6. las papas fritas 7. los camarones 8. los limones

2 **Verduras:** zanahorias, cebollas, champiñones, arvejas, lechuga, maíz, papas, tomates **Productos lácteos:** leche, queso, mantequilla, margarina **Condimentos:** aceite, vinagre, azúcar, sal, pimienta **Carnes y aves:** bistec, hamburguesas, salchichas, pollo, chuletas de cerdo, jamón, pavo **Pescado y mariscos:** atún, salmón, langosta, camarones **Frutas:** naranjas, bananas, limones, uvas, manzanas

3 1. el vino tinto 2. las zanahorias 3. los camarones 4. las uvas

4 1. **Desayuno:** fruta y un café con leche **Almuerzo:** un sándwich de jamón y queso **Cena:** unas chuletas de cerdo con arroz y frijoles 2. **Desayuno:** huevos fritos y jugo de naranja **Almuerzo:** una hamburguesa y un refresco **Cena:** una langosta con papas 3. **Desayuno:** pan tostado con mantequilla **Almuerzo:** un sándwich de atún y té helado **Cena:** un bistec con cebolla y arroz 4. **Desayuno:** cereales con leche **Almuerzo:** una sopa y una ensalada **Cena:** pollo asado con ajo y champiñones y vino blanco

GRAMÁTICA

8.1 Preterite of stem-changing verbs

1 1. Ana y Enrique pidieron unos resfrescos fríos. 2. Mi mamá nos sirvió arroz con frijoles y carne. 3. Tina y yo dormimos en una pensión de Lima. 4. Las flores de mi tía murieron durante el otoño. 5. Uds. se sintieron bien porque ayudaron a las personas.

2 1. repitieron 2. murió 3. Serví 4. pidieron 5. nos dormimos 6. prefirieron

3 1. Anoche mis primos se despidieron de nuestros abuelos en el aeropuerto. 2. Seguí a Camelia por la ciudad en el auto. 3. Uds. prefirieron quedarse en casa. 4. Ellas pidieron un plato de langosta con salsa de mantequilla. 5. Tu esposo les sirvió una ensalada con atún y tomate. 6. Los dueños consiguieron pescado ayer en el mercado al aire libre.

4 1. Preferimos este restaurante al restaurante italiano. 2. Mis amigos siguieron a Gustavo para encontrar el restaurante. 3. La camarera te sirvió huevos fritos y café con leche. 4. Uds. pidieron ensalada de mariscos y vino blanco. 5. Carlos repitió las papas fritas. 6. Conseguí el menú del restaurante.

5 1. conseguí 2. pidió 3. sirvió 4. murió 5. dormí 6. se vistió 7. seguí 8. repitió 9. prefirió 10. me despedí

8.2 Double object pronouns

1 1. La camarera te lo sirvió. 2. Isabel nos las trajo a la mesa. 3. Javier me los pidió anoche. 4. El dueño nos la busca (para seis personas). 5. Tu madre me las consigue. 6. ¿Te lo recomendaron Lola y Paco?

2 1. Se los pidieron. 2. Nos lo buscaron. 3. Se las sirven con el pescado. 4. Se los llevan a la mesa. 5. Me la trajeron. 6. El dueño se la compra. 7. Te los muestran antes de servirlos. 8. La dueña nos la abre.

3 1. Se las escribí a ellos. 2. Se lo recomendó su tío./Su tío se lo recomendó. 3. Nos la va a abrir Sonia./Sonia nos la va a abrir. 4. Se lo sirvió Miguel/Miguel se lo sirvió. 5. Me los llevaron mis amigas./Mis amigas me los llevaron 6. Se las ofrece a su familia./Miguel se las ofrece a su familia.

4 1. Se lo recomendó Rosalía./Rosalía se lo recomendó. 2. Se los sirvió el dueño./El dueño se los sirvió 3. Se los trajo el camarero./El camarero se los trajo. 4. Se lo preguntó al camarero. 5. Se las pidió Tito./Tito se las pidió. 6. Se lo pidió Celia./Celia se lo pidió. 7. Se la repitió el camarero./El camarero se la repitió. 8. Se las dio al dueño.

8.3 *Saber* and *conocer*

1 1. conozco 2. conoce 3. Sabes 4. sabe 5. Conocemos 6. saben

2 1. conduce 2. sabes 3. parece 4. conocen 5. ofrecen 6. Traduzco

3 1. Eugenia conoce a mi amiga Frances. 2. Pamela sabe hablar español muy bien. 3. El sobrino de Rosa sabe leer y escribir. 4. José y Laura conocen la ciudad de Barcelona. 5. No sé cuántas manzanas debo comprar. 6. Conoces al dueño del mercado. 7. Elena y María Victoria saben patinar en línea.

8.4 Comparisons and superlatives

1 1. más pequeño que 2. más rápido que 3. tan ricos/deliciosos/sabrosos como 4. más altos que 5. más trabajadora que 6. menos inteligente que 7. tan mala como 8. menos gordos que

2 1. Gloria Estefan es más famosa que mi hermana. 2. Estudiar química orgánica es más difícil que leer una novela. 3. El tiempo en Boston es peor que el tiempo en Florida. 4. Los restaurantes elegantes son menos baratos que los restaurantes de hamburguesas. 5. Mi abuelo es mayor que mi sobrino.

3 1. más que mi padre/más que él 2. más que tú 3. más que David/más que él 4. más que yo 5. menos que tú 6. más que Lorna/más que ella

4 1. Javier y Esteban están cansadísimos. 2. Tu padre es jovencísimo. 3. La profesora es inteligentísima. 4. Las clases son larguísimas. 5. La madre de Irene está felicísima. 6. Estoy aburridísimo.

5 1. Sí, son los más caros de la tienda. 2. Sí, es el mejor del centro comercial. 3. Sí, es la más cómoda de la casa. 4. Sí, son los más nerviosos de la clase. 5. Sí, es la menor de mis amigas.

6 1. Guatemala tiene más habitantes que Puerto Rico. 2. Ramón compró tantas corbatas como Roberto. 3. Yo comí menos que mi hermano./Yo comí menos pasta que mi hermano. 4. Anabel durmió tanto como Amelia./Anabel durmió tantas horas como Amelia. 5. Mi primo toma menos clases que mi amiga Tere.

7 **Síntesis:** Answers will vary.

AVENTURAS EN LOS PAÍSES HISPANOS

1 1. Población: 26.011.000 Capital: Caracas. 2. Población: 44.879.000 Capital: Bogotá. 3. Población: 13.571.000 Capital: Quito. 4. Población: 27.379.000 Capital: Lima.

2 **Venezuela:** bolívar, Canaima, El Salto Ángel, población: 26.011.000. **Colombia:** Cartagena, capital Bogotá, Gabriel García Márquez, Barranquilla. **Ecuador:** población indígena, tejidos, dólar estadounidense, quechua. **Perú:** área: 1.285.220 km2, los Andes, lana de alpaca, capital Lima.

3 1. Iquitos. 2. Churún Merú. 3. Los Andes del Perú. 4. Venezuela. 5. realismo mágico. 6. escupen/escupir 7. Caracas. 8. tejidos. 9. catarata. 10. Lima. 11. Océano Pacífico. 12. Amazonas. 13. peso colombiano. Venezuela, Colombia, Ecuador y Perú son países sudamericanos.

4 Answers will vary.

REPASO LECCIONES 5-8

1 1. Paloma y Carlos están en la agencia de viajes. 2. Sus padres son del Perú. 3. Nosotros estamos alegres por el viaje a Lima. 4. Su primo está esperándolos en el aeropuerto. 5. Paloma es una turista amable.

2 1. nos gusta 2 me encantan 3. le molesta 4. les importa 5. te fascinan 6. les falta

3 1. fuimos 2. compramos 3. busqué 4. llegaron 5. prefirió 6. durmieron 7. fue 8. quedaron 9. aburrió 10. interesó 11. repitieron 12. gustó 13. fuimos 14. pedimos 15. fuimos 16. fue

4 1. No, no te voy a vender ésta. 2. No, no vamos a mostrarle ése. 3.No, Marisol no le va a llevar aquellas. 4. No, no les vamos a vender éstos a los estudiantes.

5 Suggested answers: 1. No, no llegó con ninguna amiga a la cena. 2. No, no me enojé con nadie en el restaurante. 3. No, no les gustó nada la cena. 4. No, Raúl y su esposa nunca se van tan tarde de las fiestas.

6 Answers will vary.

Lección 9

PREPARACIÓN

1 1. estado civil 2. etapa de la vida 3. estado civil 4. etapa de la vida 5. fiesta 6. etapa de la vida 7. etapa de la vida 8. fiesta 9. estado civil 10. etapa de la vida 11. fiesta 12. estado civil

2 1. el nacimiento 2. la niñez 3. la adolescencia 4. la juventud 5. la madurez 6. la vejez

3 1. la vejez 2. la juventud 3. la niñez 4. la juventud 5. la adolescencia 6. la vejez 7. la juventud 8. la juventud 9. la vejez 10. la adolescencia

4 1. el 26 de enero de 1948 2. viudo 3. vejez/madurez 4. el 26 de enero 5. en 1970 6. con una botella de champán 7. el 11 de marzo de 1973 8. soltera 9. en la juventud 10. el 11 de marzo 11. en 1995 12. el flan 13. Caracas 14. en la juventud 15. a los veintiocho años 16. casado 17. tres 18. los dulces

GRAMÁTICA

9.1 Irregular preterites

1 1. hay 2. Hubo 3. hubo 4. hay 5. Hubo 6. hay

2 1. estuvieron 2. Tuve 3. vino 4. hizo 5. tuvieron 6. puso

3 1. dijeron 2. tradujo 3. condujo 4. trajeron 5. dijimos 6. trajiste

4 1. Antonio le dio un beso a su madre. 2. Los invitados le dieron las gracias a la familia. 3. Tú les diste una sorpresa a tus padres. 4. Rosa y yo le dimos una sorpresa al profesor.

5 1. Rosalía hizo galletas. 2. Mi tía estuvo en el Perú. 3. Vine a este lugar. 4. Rita y Sara dijeron la verdad. 5. Uds. pusieron la televisión. 6. Ellos produjeron una película. 7. Trajimos una cámara. 8. Tuviste un examen.

6 1. No, ya estuve en la biblioteca ayer. 2. No, Elena y Miguel ya dieron una fiesta el sábado pasado. 3. No, la profesora ya tradujo esa novela el año pasado. 4. No, ya hubo un pastel de limón anoche / en la cena de anoche. 5. No, ya puse los abrigos sobre la cama. 6. No, ya tuvimos tres hijos.

9.2 Verbs that change meaning in the preterite

1 1. pudo 2. conocieron 3. quisieron 4. supo 5. Pudimos 6. quiso

2 1. No pude terminar el libro el miércoles. 2. Inés supo la semana pasada que Vicente es divorciado. 3. Sus amigas quisieron llamarla (por teléfono), pero no pudieron. 4. Susana conoció a los padres de Alberto anoche. 5. Los camareros pudieron servir la cena a las ocho. 6. Tu madre no quiso ir a la casa de tu hermano.

3 1. conoció 2. quiso 3. quiso 4. pudo 5. supieron 6. pudieron

9.3 Relative pronouns

1 1. quien 2. quien 3. quienes 4. quien / que 5. que 6. que 7. quienes 8. que

2 1. Lo que celebramos es el cumpleaños de tu hermana. 2. Lo que llevo puesto es un vestido nuevo. 3. Lo que tiene esa caja grande es un regalo para tu hermana. 4. Lo que estoy comiendo es pastel de chocolate. 5. Lo que bailan los invitados es salsa. 6. Lo que beben los tíos Ana y Mauricio es vino.

3 1. que 2. lo que 3. que 4. lo que

4 1. que 2. lo que 3. quienes 4. que 5. quienes 6. quien

5 1. quien/que 2. que 3. lo que 4. quien 5. que 6. quien/que 7. quienes 8. lo que 9. quienes 10. quienes 11. quienes 12. lo que

6 Answers will vary.

9.4 *¿Qué?* and *¿cuál?*

1 1. Qué 2. Qué 3. Cuál 4. cuál 5. Qué 6. Cuáles 7. Qué 8. Cuál

2 1. Cuál 2. Qué 3. Cuántos 4. Dónde 5. Quién 6. Quiénes 7. Cuándo/A qué hora 8. Cuáles 9. Cómo 10. Adónde

3 1. ¿Cuál es la camisa que más te gusta? 2. ¿Qué quieres hacer hoy? 3. ¿Quién es tu profesora de matemáticas? 4. ¿De dónde eres?/¿De dónde es Ud? 5. ¿Cuáles son tus gafas favoritas? 6. ¿Dónde está el pastel de cumpleaños? 7. ¿A qué hora empieza la fiesta sorpresa? 8. ¿Cuándo cierra el restaurante? 9. ¿Cuántos invitados hay en la lista? 10. ¿Adónde van Uds.?

4 **Síntesis:** Answers will vary.

Lección 10

PREPARACIÓN

1 1. los huesos 2. el corazón 3. la garganta 4. el brazo 5. el estómago 6. la rodilla 7. el tobillo 8. el pie

2 1. la farmacia 2. el dentista 3. la sala de emergencia 4. la clínica/el consultorio 5. el hospital 6. la clínica/el consultorio

3 **Síntoma:** fiebre, dolor de cabeza, tos, estornudos, congestionado
Enfermedad: resfriado, infección, gripe
Diagnóstico: radiografía, tomar la temperatura
Tratamiento: receta, pastilla, operación, poner una inyección, antibiótico, aspirina

4 1. embarazada 2. fiebre 3. infección 4. lastimó 5. alérgica 6. receta 7. radiografía 8. síntomas

5 PACIENTE a. Tengo tos y me duele la cabeza. DOCTORA b. ¿Te dio fiebre ayer? PACIENTE c. Sí, mi esposa me tomó la temperatura. DOCTORA a. ¿Estás muy congestionado? PACIENTE c. Sí, y también me duele la garganta. DOCTORA b. Es una infección de garganta. PACIENTE a. ¿Tengo que tomar un antibiótico? DOCTORA c. Sí, ahora te lo voy a recetar.

GRAMÁTICA

10.1 The imperfect tense

1 1. cenaba 2. cantaba 3. recorrían 4. jugábamos 5. tenía 6. escribías 7. Creíamos 8. buscaban

2 1. Mi abuela era muy trabajadora y amable. 2. Tú ibas al teatro cuando vivías en Nueva York. 3. Ayer había muchísimos pacientes en el consultorio. 4. Veíamos tu casa desde allí. 5. Eran las cinco de la tarde cuando llegamos a San José. 6. Ella estaba muy nerviosa durante la operación.

3 1. No, pero antes hablaba. 2. No, pero antes iba. 3. No, pero antes (la) comía. 4. No, pero antes me traía. 5. No, pero antes conducía.

4 1. Tú escribías cartas/postales. 2. Rolando buceaba en el mar. 3. Pablo y Elena jugaban a las cartas. 4. Lilia y yo tomábamos el sol.

5 1. Antes jugaba al fútbol con mis hermanos. Ahora juego en el equipo de la universidad. 2. Antes escribía las cartas a mano. Ahora escribo mensajes electrónicos en la computadora. 3. Antes era rubio y gordito. Ahora soy moreno y delgado. 4. Antes tenía a mi familia cerca. Ahora tengo a mi familia lejos. 5. Antes estudiaba en mi habitación. Ahora estudio en la biblioteca. 6. Antes conocía a las personas de mi pueblo. Ahora conozco a personas de todo el país.

10.2 Constructions with *se*

1 1. se habla 2. se venden 3. se sirve 4. se recetan 5. se vive 6. se puede

2 1. Se prohíbe fumar. 2. Se venden periódicos. 3. Se habla español. 4. Se necesitan enfermeras. 5. No se debe nadar./Se prohíbe nadar. 6. Se busca un auto usado.

3 1. le 2. les 3. te 4. les 5. les 6. le

4 1. A Marina se le cayó la bolsa. 2. A ti se te olvidó comprarme la medicina. 3. A nosotros se nos quedaron los libros en el auto. 4. A Ramón y a Pedro se les dañó el proyecto.

5 1. Se le perdieron las llaves del auto. 2. Se les olvidó ponerse las inyecciones. 3. Se te cayeron los papeles del médico. 4. Se le rompió la pierna cuando esquiaba. 5. Se me dañó la cámara durante el viaje.

6 1. Se les dañó el coche. 2. Se les rompió la botella de vino. 3. Se me perdieron las llaves de la casa. 4. Se nos quedaron las toallas en la playa. 5. Se le olvidó estudiar para el examen.

Lección 10

10.3 Adverbs

1 1. lentamente 2. amablemente 3. frecuentemente 4. alegremente 5. perfectamente 6. constantemente 7. normalmente 8. independientemente

2 1. a menudo 2. a tiempo 3. por lo menos 4. pronto 5. casi 6. bastante

3 1. así 2. bastante 3. menos 4. casi 5. por lo menos 6. a veces

4 1. Es importante conducir inteligentemente. 2. No existe una cura real para el cáncer. 3. El agua del río corría tranquilamente. 4. Germán tiene unos dibujos maravillosos. 5. Claudia y Elena son personas felices. 6. Miguel y Ana se conocieron gradualmente. 7. La comida y el agua son necesidades básicas. 8. Los antibióticos son enormemente importantes en la medicina.

5 1. No, van poco al cine./No, van al cine poco./ No, van al cine raras veces./No, van al cine pocas veces. 2. Sí, llegaron a tiempo. 3. Si, comía muchas veces en el restaurante./Si, comía en el restaurante muchas veces. 4. Sí, estudié bastante para el examen de historia. 5. No, casi nunca comen carne./No, no comen carne casi nunca. 6. No, se enferma de vez en cuando./No, de vez en cuando se enferma.

AVENTURAS EN LOS PAÍSES HISPANOS

1 **Suggested answers:** 1. Uno de los sitios más visitados son las cataratas de Iguazú. 2. La capital de este país es especial porque es la más alta del mundo. 3. Lo que forma parte de la dieta diaria de la población de este país es la carne de res. 4. El tango desde 1930 comenzó a ser más romántico. 5. Los deportes que se practican en las montañas nevadas de la Cordillera de los Andes son el esquí y el snowboard.

2 1. Montevideo 2. africana 3. provocativo 4. Iguazú 5. aeropuerto 6. parrillada 7. guaraní 8. calabaza 9. invierno 10. Paraguay

3 **Suggested answers:** 1. Una de las principales ciudades de Argentina 2. Popote metálico con el que se toma el mate 3. Uno de los dos principales ríos de Paraguay 4. Tipo de clima de las selvas de La Paz 5. Malestar que provoca a veces la gran altura de La Paz 6. País suramericano con un área de 1.098.580 km^2. 7. Centro de esquí famoso de Chile 8. Lenguaje propio del tango 9. Una de las actividades económicas principales de Uruguay y Argentina 10. Lugar dónde nació el tango argentino.
La capital de Uruguay es Montevideo.

4 1. f. 2. b. 3. g. 4. a. 5. h. 6. d. 7. e. 8. c.

PREPARACIÓN

1 1. la/una calculadora 2. una cámara de video 3. la página principal 4. la contestadora 5. el Internet 6. la televisión por cable

2 1. El conductor del autobús manejaba lentamente por la nieve. 2. La impresora nueva imprimía los documentos muy rápido. 3. El mecánico de Jorge le revisaba el aceite al auto todos los meses. 4. El teléfono celular sonaba en la casa pero nadie lo cogía. 5. El auto viejo no arrancaba cuando llovía. 6. Algunos jóvenes estadounidenses navegaban en el Internet de niños.

3 1. el monitor 2. la pantalla 3. el teclado 4. el ratón 5. el módem 6. la impresora 7. el disco compacto 8. la calculadora

4 1. Se usa la impresora para imprimir. 2. Se usan los frenos del coche para parar. 3. Se usa el *fax* para enviar documentos. 4. Se usa el volante para manejar el carro. 5. Se usa el módem para navegar en el Internet./Se usa la computadora para navegar en el Internet. 6. Se usan las llaves del carro para arrancar el carro.

5 1. licencia de conducir 2. subí 3. lleno 4. aceite 5. arrancar 6. camino 7. calle 8. tráfico 9. parar 10. choqué 11. velocidad máxima 12. lento 13. mujer policía 14. multa 15. estacioné

GRAMÁTICA

11.1 The preterite and the imperfect

1 1. escribía 2. chocó 3. cambió 4. Estaba 5. revisaba 6. te quedaste 7. leía 8. funcionaba

2 1. bailaba 2. bailó 3. escribí 4. escribía 5. era 6. fue 7. Hubo 8. había 9. vi 10. veía

3 1. dormían 2. cerró la ventana 3. compró una maleta 4. nos mostraba la foto/jugaba al baloncesto

4 1. Ayer Clara fue a casa de sus primos, saludó a su tía y comió con ellos. 2. Cuando Manuel vivía en Buenos Aires, conducía mucho todos los días. 3. Mientras Carlos leía las traducciones, Blanca traducía otros textos. 4. El doctor terminó el examen médico y me recetó un antibiótico. 5. La niña tenía ocho años y era inteligente y alegre. 6. Rafael cerró todos los programas, apagó la computadora y se fue.

5 1. llegué 2. vivíamos 3. conocimos 4. teníamos 5. vimos 6. podíamos 7. conectó 8. leímos 9. caminábamos 10. dijo

6 1. ¿Dónde estaba María cuando llamé por teléfono? María estaba en la cocina. Lavaba los platos. 2. ¿Dónde estabas cuando Teresa y yo fuimos al cine? Estaba en casa. Leía una revista. 3. ¿Dónde estaba tu hermano cuando empezó a llover? Mi hermano estaba en la calle. Montaba en bicicleta. 4. ¿Dónde estaban Uds. cuando Luisa vino a casa? Estábamos en el estadio. Jugábamos al fútbol. 5. ¿Dónde estaban Ana y Pepe cuando los saludaste? Estaban en el supermercado. Hacían la compra.

7 Estaba pasando el verano en Córdoba, y era un lugar muy divertido. Salía con mis amigas todas las noches hasta tarde. Bailaba con nuestros amigos y nos divertíamos mucho. Durante la semana, trabajaba: daba clases de inglés. Los estudiantes eran alegres y se interesaban mucho por aprender. El día de Navidad conocí a un chico muy simpático que se llamaba Francisco. Me llamó al día siguiente y nos veíamos todos los días. Me sentía enamorada de él. Creía que iba a venir a Boston para estar conmigo. Teníamos que buscar trabajo allí, pero estábamos muy emocionados.

8 Ayer mi hermana y yo fuimos a la playa. Cuando llegamos, era un día despejado con mucho sol, y nosotras estábamos muy contentas. A las doce comimos unos sándwiches de almuerzo. Los sándwiches eran de jamón y queso. Luego descansamos y entonces nadamos en el mar. Mientras nadábamos, vimos a las personas que practicaban el esquí acuático. Parecía muy divertido, así que decidimos probarlo. Mi hermana fue primero, mientras yo la miraba. Luego fue mi turno. Las dos nos divertimos mucho esa tarde.

Lección 11

11.2 *Por* and *para*

1 1. por 2. para 3. por 4. para 5. para 6. por 7. para 8. para 9. por 10. por

2 1. por eso 2. por fin 3. por aquí 4. por ejemplo 5. por aquí 6. por eso

3 1. por 2. para 3. para 4. por 5. por 6. para

4 1. Ricardo y Emilia trajeron un pastel para su prima. 2. Los turistas llegaron a las ruinas por barco. 3. Tuve resfriado por el frío. 4. Mis amigas ganaron dinero para viajar a Suramérica. 5. Uds. buscaron a Teresa por toda la playa. 6. El avión salió a las doce para Buenos Aires.

5 1. para 2. para 3. por 4. para 5. para 6. por 7. por 8. por 9. por 10. por 11. para 12. para 13. para 14. por 15. para 16. por 17. por 18. por

11.3 Stressed possessive adjectives and pronouns

1 1. suyas 2. nuestra 3. suyas 4. suyos 5. suyo 6. nuestro 7. mía 8. tuyo

2 1. mía 2. suyo 3. míos 4. suyo 5. nuestra 6. suyos 7. tuyo 8. suyo

3 1. Sí, prefiero usar la mía. 2. Sí, quiero usar el suyo./Sí, quiero usar el nuestro. 3. Sí, guardé los tuyos. 4. Sí, llené el suyo. 5. Sí, manejó el nuestro./ Sí, manejó el suyo. 6. Sí, voy a comprar el tuyo.

4 1. ¿Son de Ud. las gafas? Sí, son mías. 2. ¿Es de Joaquín el estéreo? Sí, es suyo. 3. ¿Es de ellos la impresora? Sí, es suya. 4. ¿Son de Susana esos módems? Sí, son suyos. 5. ¿Es de tu mamá el coche? Sí, es suyo. 6. ¿Son de Uds. estas calculadoras? Sí, son nuestras.

5 **Síntesis:** Answers will vary.

Lección 12

PREPARACIÓN

1 1. Joaquín necesita una/la lavadora. 2. Clara necesita una/la secadora ahora. 3. Se necesita un/el lavaplatos. 4. Rita debe poner el agua en un/el refrigerador.

2 1. la cocina 2. la sala 3. la alcoba 4. la cocina 5. la alcoba 6. la cocina 7. la alcoba 8. la sala

3 1. Ramón sacaba la basura. 2. Rebeca hacía la cama. 3. Mi tío Juan pasaba la aspiradora. 4. Isabel sacudía los muebles.

4 1. sala 2. altillo 3. horno 4. lavadora 5. pasillo/oficina 6. escalera

5 **Horizontales:** 4. vecino 5. balcón 6. mueble 8. lámpara 10. copa 11. vasos 14. manta
Verticales: 1. escalera 2. pinturas 3. alquilar 7. horno 9. mudarte 12. sofá 13. taza

GRAMÁTICA

12.1 Formal (*Ud.* and *Uds.*) commands

1 1. Lave 2. Salga 3. Diga 4. beba 5. Venga 6. vuelva 7. coman 8. Oigan 9. pongan 10. Traigan 11. Vean 12. Conduzcan

2 1. Traiga la aspiradora, por favor. 2. Arregle el coche, por favor. 3. Baje al sótano, por favor. 4. Apague la estufa, por favor. 5. Venga a la casa, por favor.

3 Lea estas instrucciones para casos de emergencia. En caso de emergencia, toque la puerta antes de abrirla. Si la puerta no está caliente, salga de la habitación con cuidado. Al salir, doble a la derecha por el pasillo y baje por la escalera de emergencia. Mantenga la calma y camine lentamente. No use el ascensor durante una emergencia. Deje su equipaje en la habitación en caso de emergencia. Al llegar a la planta baja, salga al patio o a la calle. Luego pida ayuda a un empleado del hotel.

4 1. No se sienten en la cama. 2. Límpielo ahora. 3. No me las laven mañana. 4. Sírvanoslos. 5. No las sacuda antes de ponerlas. 6. Búsquenselas. 7. No lo despierten a las ocho. 8. No se la cambie a veces/nunca. 9. No se los pidan a Martín. 10. Díganselo hoy.

12.2 The present subjunctive

1 1. coman 2. estudiemos 3. mire 4. lean 5. escribas 6. pase

2 1. venga 2. ofrezca 3. almuercen 4. traduzca 5. conduzcas 6. ponga 7. traigas 8. vea 9. saquemos 10. hagan

3 1. Mi padre dice que es importante que yo esté contenta con mi trabajo. 2. Rosario cree que es bueno que la gente se vaya de vacaciones más a menudo. 3. Creo que es mejor que Elsa sea la encargada del proyecto. 4. Es importante que les des las gracias por el favor que te hicieron. 5. Él piensa que es malo que muchos estudiantes no sepan otras lenguas. 6. El director dice que es necesario que haya una reunión de la facultad.

4 1. Es importante que Nora piense en las cosas antes de tomar la decisión. 2. Es necesario que entiendas la situación de esas personas. 3. Es bueno que Clara se sienta cómoda en el apartamento nuevo. 4. Es urgente que mi madre me muestre los papeles que llegaron. 5. Es mejor que David duerma antes de conducir la motocicleta. 6. Es malo que los niños (les) pidan tantos regalos a sus abuelos.

5 1. Sí, es necesario que traigan el pasaporte al aeropuerto./Sí, es necesario que traigamos el pasaporte al aeropuerto. 2. Sí, es urgente que hable con la dueña del apartamento. 3. Sí, es bueno que Manuel vaya a visitar a su abuela todas las semanas./Sí, es bueno que Manuel visite a su abuela todas las semanas. 4. Sí, es importante que Ana llame a Cristina para darle las gracias. 5. Sí, es mejor que Clara sepa lo que le van a preguntar en el examen.

12.3 Subjunctive with verbs of will and influence

1 1. escojas 2. estudie 3. sea 4. viajen 5. salgamos 6. nos quedemos

2 Te sugiero que busques una casa en un barrio seguro. Te recomiendo que escojas un barrio con escuelas buenas. Te insisto en que mires los baños, la cocina y el sótano. Te ruego que compares precios de varias casas antes de decidir. Te aconsejo que hables con los vecinos del barrio.

3 1. José le ruega que escriba esa carta de recomendación. 2. Les aconsejo que vivan en las afueras de la ciudad. 3. La directora les prohíbe que estacionen su carro frente a la escuela. 4. Me sugieres que alquile un apartamento en el barrio.

4 1. Marina quiere que yo traiga la compra a casa. 2. Sonia y yo preferimos buscar la información por Internet. 3. El profesor desea que nosotros usemos el diccionario. 4. Uds. necesitan escribir una carta al consulado. 5. Prefiero que Manuel vaya al apartamento por mí. 6. Ramón insiste en buscar las alfombras de la casa.

5 **Síntesis:** Answers will vary.

AVENTURAS EN LOS PAÍSES HISPANOS

1 Answers will vary.

2 1. lempira 2. Apopa 3. huipil 4. arquitectura 5. Tegucigalpa 6. hongos

3 **Suggested answers:** 1. Nombre del Parque Nacional que está en el norte de El Salvador. 2. Los mayas lo hicieron complejo y preciso. 3. Moneda de Guatemala 4. Indígenas que vivieron en el sur de México, Guatemala, Honduras y El Salvador 5. Destruyó a la capital de Guatemala en 1773. 6. Las personas de Guatemala 7. Tiene un área de 112.492 km2. 8. Característica del Parque Nacional Montecristo 9. Celebración anual por la que Antigua Guatemala es muy famosa 10. Una de las principales ciudades de Honduras 11. Moneda de El Salvador **Ciudad principal de Guatemala con 44.000 de población: Mazatenango.**

4 1. Las ruinas de Copán están en Honduras, en el límite con Guatemala. 2. La ciudad Antigua está en Guatemala. 3. El Parque Nacional Montecristo está en el norte de El Salvador, en el límite con Honduras y Guatemala.

REPASO LECCIONES 9-12

1 1. para, b. 2. para, d. 3. por, e. 4. por, h. 5. por, a. 6. para, j. 7. para, g. 8. para, i. 9. por, f. 10. por, c.

2 1. viajaba 2. se enfermó 3. Sabían; tenía 4. estaba; llegaban/llegaron 5. dijo; traía

3 1. Ayúdenlos a traer las compras. 2. Ponga la mesa. 3. Sacudan las mantas. 4. Limpie la cocina y el baño. 5. Barran la sala. 6. No ensucie los sillones.

4 1. Es necesario que María tome la medicina para sus alergias. 2. Es importante que las mujeres vean al doctor todos los años. 3. La enfermera sugiere que los pacientes hagan ejercicio. 4. El doctor espera que el paciente entre al consultorio.

5 1. Cuál 2. Qué 3.cuál 4. cuál 5. Qué 6. Qué/Cuál 7. Cuáles 8. Qué

6 Answers will vary.

Lección 13

PREPARACIÓN

1 1. cielo 2. desierto 3. volcán 4. valle 5. selva 6. sendero

2 1. Para resolver el problema de la deforestación de los bosques, tenemos que prohibir que se corten los árboles en algunas regiones. 2. Para resolver el problema de la erosión de las montañas, tenemos que plantar árboles y plantas. 3. Para resolver el problema de la falta de recursos naturales, tenemos que reciclar los envases y latas. 4. Para resolver el problema de la contaminación del aire en las ciudades, tenemos que controlar las emisiones de los coches. 5. Para resolver el problema de la lluvia ácida, tenemos que reducir la contaminación del aire.

3 1. conservar 2. evitar 3. mejorar 4. reducir 5. dejar de 6. contaminar

4 1. ambiente 2. animales 3. cráter 4. nube 5. piedras 6. pájaro 7. ecología 8. estrellas 9. pez 10. luna
Todas estas cosas forman parte de la **naturaleza.**

5 1. contaminación 2. resolver 3. respiramos 4. deforestación 5. árboles 6. población 7. mejorar 8. conservar 9. recurso natural 10. reducir/evitar 11. dejar de 12. evitar/reducir/resolver

GRAMÁTICA

13.1 The subjunctive with verbs of emotion

1 1. quiten 2. haya 3. estén 4. decidan 5. sea 6. mejore

2 1. Es triste que muchos ríos estén contaminados. 2. Es ridículo que algunas personas eviten reciclar. 3. Es una lástima que los turistas no recojan la basura. 4. Es extraño que la gente destruya el medio ambiente.

3 1. Ojalá que los países conserven sus recursos naturales. 2. Ojalá que este sendero nos lleve al cráter del volcán. 3. Ojalá que la población quiera cambiar las leyes de deforestación. 4. Ojalá que a mi perro le guste ir de paseo por el bosque. 5. Ojalá que las personas reduzcan el uso de los carros en las ciudades. 6. Ojalá que los científicos sepan resolver el problema de la contaminación.

4 1. mi hermana salga los fines de semana 2. (yo) salga bien en el examen 3. la gente contamine el mundo en que vivimos 4. sus amigos se separen por el sendero 5. tu novio espere mucho al ir de compras 6. las personas usen más agua de la necesaria 7. Roberto no sepa leer 8. los vecinos encuentren animales abandonados

5 1. Rosa se alegra de que sus amigos reciclen los periódicos y los envases. 2. Los turistas se sorprenden de que el país proteja tanto los parques naturales. 3. Tememos que los cazadores destruyan animales en peligro de extinción. 4. La población siente que las playas de la ciudad estén contaminadas. 5. Las personas esperan que el gobierno desarrolle nuevos sistemas de energía. 6. A mi tía le gusta que mi primo recoja y cuide animales abandonados. 7. Mis vecinos tienen miedo de que el gobierno ponga un aeropuerto cerca.

13.2 The subjunctive with doubt, disbelief and denial

1 1. sea 2. vayamos 3. sepa 4. llegue 5. vengan 6. pague

2 1. Es probable que haya muchas vacas en los campos de la región. 2. Es posible que el agua de esos ríos esté contaminada. 3. Quizás ese sendero nos lleve al lago. 4. Es imposible que el gobierno proteja todos los peces del océano. 5. Es improbable que la población reduzca el uso de los envases. 6. Tal vez el desierto sea un lugar mejor para visitar en invierno.

3 1. es 2. tiene 3. diga 4. debemos 5. puedan 6. quieras 7. busque

4 1. No estoy seguro de que a Mónica le gusten los perros. 2. Es verdad que Ramón duerme muchas horas todos los días. 3. Rita y Rosa niegan que gasten mucho cuando van de compras. 4. No cabe duda de que el aire que respiramos está contaminado. 5. Es obvio que a Martín y a Viviana les encanta viajar. 6. Es probable que tengamos que reciclar todos los envases.

5 1. No es cierto que las matemáticas sean muy difíciles. 2. El presidente no niega que el problema de la contaminación es bastante complicado. 3. Ana duda que él vaya a terminar el trabajo a tiempo. 4. Mis amigos están seguros (de) que esa película es excelente. 5. No cabe duda (de) que el español se usa más y más cada día. 6. No es seguro que Lourdes y yo podamos ir a ayudarte esta tarde. 7. El maestro no cree que Marcos escriba muy bien en francés. 8. No es verdad que Pedro y Virginia nunca coman carne.

13.3 The subjunctive with conjunctions

1 1. terminen 2. mejore 3. recicles 4. pida 5. deje 6. contamine 7. aprendan 8. desarrollen

2 1. Los López reciclan las latas de aluminio sin que les dé mucho trabajo. 2. En las fiestas usan platos de vidrio para evitar usar platos de plástico. 3. Se les pidió a todas las personas del barrio que antes de que reciclen la basura, la separen. 4. Nos pidieron que cuidemos los jardines cuando visitemos el parque. 5. Siempre limpiamos las calles tan pronto como llega el otoño.

3 1. a. 2. b. 3. a. 4. b. 5. b. 6. b.

4 1. C. Recojan la basura cuando caminen en la selva. 2. H. Por las noches, Isabel y Natalia leen sobre el bosque hasta que se acuestan a dormir. 3. H. Todos los viernes, Isabel junta los periódicos de su barrio en cuanto las clases terminan. 4. F. Natalia quiere bañarse en el río tan pronto como llegue al campo. 5. C. Vuelvan a casa antes que salga el sol. 6. P. Las niñas nadaron en el río cuando fueron al bosque. 7. F. Los amigos de Isabel y Natalia se van a dormir en el campo después de que la caminata termine. 8. P. Ellas salieron del bosque tan pronto como vieron un oso.

5 1. salga 2. terminó 3. encontré 4. buscar 5. fue 6. quieras 7. veas 8. vea 9. entres 10. vea 11. hablo 12. pongas

Lección 14

PREPARACIÓN

1 1. cajero automático/banco 2. cuenta de ahorros 3. cheque 4. cuenta corriente 5. firmar 6. depositar

2 1. frutería 2. carnicería 3. lavandería 4. banco 5. joyería 6. correo 7. zapatería 8. supermercado

3 1. a plazos 2. al contado 3. con un préstamo/a plazos 4. gratis 5. a plazos/al contado 6. gratis 7. al contado 8. a plazos/al contado 9. con un préstamo 10. al contado

4 1. supermercado 2. pescadería 3. panadería 4. frutería 5. lavandería 6. heladería 7. pastelería 8. joyería 9. carnicería 10. peluquería/salón de belleza

5 1. el estacionamiento 2. la terminal 3. la Plaza Bolívar 4. la farmacia

GRAMÁTICA

14.1 The subjunctive in adjective clauses

1 1. escriba 2. diga 3. pueda 4. digan 5. tengan 6. usen 7. reconozca 8. funcionen

2 1. sea 2. es 3. hay 4. haya 5. queda 6. quede 7. tenga 8. tiene 9. van 10. vaya

3 1. Ricardo no conoce a ningún chico que estudie medicina. 2. Laura y Diego no cuidan a ningún perro que proteja su casa. 3. Maribel y Lina no tienen ningún pariente que escriba poemas. 4. Los González no usan ningún coche que sea barato. 5. Mi prima no trabaja con nadie/ninguna persona que conozca a su padre. 6. Gregorio no hace ningún plato venezolano que sea delicioso.

4 1. hay un buzón que está en la calle Bolívar 2. no conozco a nadie que sea abogado de inmigración 3. veo a alguien aquí que estudia conmigo en la universidad 4. no hay ninguna panadería que venda pan caliente cerca de aquí 5. tengo una compañera que va a ese gimnasio 6. no sé de nadie en la oficina que haga envíos a otros países

5 1. lo quiere mucho 2. siempre nos digan la verdad 3. tiene muchos museos 4. abra hasta las doce de la noche

14.2 Familiar (*tú*) commands

1 Haz un molde con madera y tela. Rompe el papel de periódico en trozos pequeños. Pon el papel en un envase con agua caliente. Prepara la pulpa con una licuadora. Vuelve a poner la pulpa en agua caliente. Empieza a poner la pulpa en un molde que deje salir el agua. Quita el molde y deja el papel sobre la mesa. Pon una tela encima del papel. Plancha el papel. Usa el papel.

2 1. David, quédate unos días en San José. 2. Laura, no salgas muy tarde. 3. Patricia, prueba la comida típica de Costa Rica. 4. Isabel, no olvides comer un helado en el parque del centro. 5. Cecilia, ten cuidado al cruzar las calles. 6. Simón, aprende a bailar en Costa Rica.

3 Este verano, descubre la ciudad de Panamá. Camina por las calles y observa la arquitectura de la ciudad. La catedral es un edificio que no puedes dejar de visitar. Visita las ruinas en Panamá Viejo y compra una artesanía *(craft)* del país. Ve a un restaurante de comida panameña y no te olvides de probar un plato popular. Conoce el malecón *(seafront)* y respira el aire puro del mar. Explora El Canal de Panamá y aprende cómo funciona. Súbete a un autobús colorido y ve cómo vive la gente local. ¡Disfruta Panamá!

4 1. Sí, pide una pizza en el restaurante./No, no pidas una pizza en el restaurante. 2. Sí ve a la panadería a comprar pan./No, no vayas a la panadería a comprar pan. 3. Sí, haz las diligencias./No, no hagas las diligencias. 4. Sí busca a tu hermano después de la escuela./No, no busques a tu hermano después de la escuela. 5. Sí, ven a casa después de clase el viernes./ No, no vengas a casa después de clase el viernes. 6. Sí, cuida al perro este fin de semana/No, no cuides al perro este fin de semana.

14.3 *Nosotros/as* commands

1 1. Recojamos a los niños. 2. Vamos al dentista esta semana. 3. Depositemos el dinero en el banco. 4. Viajemos al Perú este invierno. 5. Salgamos a bailar este sábado. 6. Invitemos a los amigos de Ana.

2 1. Pasemos la aspiradora hoy. No pasemos la aspiradora hoy. 2. Pongamos la televisión. No pongamos la televisión. 3. Compartamos la comida. No compartamos la comida. 4. Hagamos las camas todos los días. No hagamos las camas todos los días.

3 1. Compremos zapatos italianos en el centro. 2. Conozcamos la historia del jazz. 3. Vamos de vacaciones a las montañas. 4. Cortémonos el pelo en la peluquería de la calle Central. 5. Hagamos pasteles para los cumpleaños de nuestras amigas. 6. No salgamos de fiesta todas las noches. 7. Corramos al lado del río todas las mañanas. 8. No gastemos demasiado dinero en la ropa.

4 Llenemos este formulario cuando solicitemos el préstamo. Ahorremos dinero todos los meses hasta que paguemos el préstamo. No cobremos los cheques que nos lleguen; depositémoslos en la cuenta corriente. Depositemos el dinero que nos regalen cuando nos casemos. Pidámosle prestado a mi padre un libro sobre cómo comprar una vivienda. Busquemos un apartamento que esté cerca de nuestros trabajos. No vayamos al trabajo mañana por la mañana/vamos al banco a hablar con un empleado.

AVENTURAS EN LOS PAÍSES HISPANOS

1 1 Answers will vary

2 1. Puntarenas 2. Reventa 3. Zapatera 4. Tabasarái 5. Granada 6. Atlántico 7. Managua 8. Guanacaste

3 **Suggested answers:** 1. Ernesto Cardenal es un poeta, escultor y sacerdote católico de Nicaragua. 2. Óscar Arias es un político de Costa Rica. 3. Es un indígena cuna de las islas San Blas de Panamá.

4 **Horizontales** 1. ejército 2. progresista 3. Nicaragua 4. plan 5. Canal 6. escultor 7. Managua 8. poesía
Verticales 1. molas 2. San Blas 3. Nobel 4. Arias 5. América Central 6. balboa 7. Coiba 8. Alajuela

5 Answers will vary.

Lección 15

PREPARACIÓN

1 1. activo 2. descafeinado 3. débil 4. engordar/aumentar de peso 5. estar a dieta 6. tranquilo 7. sin 8. (estar) en forma

2 1. estiramiento 2. descafeinadas 3. levantar pesas 4. teleadicto 5. Sudar 6. apurarse 7. masaje 8. drogadictos

3 1. hacer ejercicios de estiramiento 2. no consumir bebidas alcohólicas 3. llevar una vida sana 4. apurarse

4 **Positivo para la salud:** dieta equilibrada, hacer gimnasia, tomar vitaminas, hacer ejercicios de estiramiento, entrenarse, comer comida sin grasa, llevar vida sana, buena nutrición, levantar pesas
Negativo para la salud: fumar, llevar vida sedentaria, sufrir muchas presiones, colesterol, comer en exceso, consumir mucho alcohol, ser un teleadicto, ser un drogadicto

5 1. Ponte a dieta. 2. Levanta pesas. 3. Haz ejercicios aeróbicos. 4. Deja de fumar. 5. Entrénate. 6. Come alimentos con más calorías/Come más.

6 1. proteínas 2. minerales 3. grasas 4. vitaminas 5. proteínas 6. grasas 7. vitaminas/minerales 8. vitaminas/minerales

GRAMÁTICA

15.1 Past participles used as adjectives

1 1. prestada 2. abierta 3. hecha 4. escrita 5. puesta 6. ahorrado 7. guardados 8. perdidos 9. preferidos 10. torcido

2 1. están resueltos 2. está preparada 3. están vendidas 4. está prohibida 5. está confirmada 6. están aburridos

3 1. El pavo está servido. 2. El cuarto está desordenado. 3. La cama está hecha. 4. Las niñas están dormidas.

4 1. escrito 2. hecha 3. abierta 4. muerto 5. cubierta 6. puestos 7. roto 8. desordenado 9. sorprendido 10. resuelto

5 Answers will vary.

15.2 The present perfect

1 1. Gloria y Samuel han comido comida francesa. 2. (Yo) He visto la última película de ese director. 3. Pablo y tú han leído novelas de García Márquez. 4. Liliana ha tomado la clase economía. 5. (Nosotros) Hemos ido a esa discoteca antes. 6. (Tú) Has escrito un mensaje electrónico al profesor.

2 1. Roberto y Marta han jugado a las cartas. 2. Víctor ha escuchado música. 3.(Tú) Has escrito cartas/una carta/una postal. 4. Ricardo ha dormido/ha tomado una siesta. 5. (Yo) He buceado. 6. Claudia y yo hemos tomado el sol.

3 1. (Tú) Has conocido a varios venezolanos este año. 2. (Yo) He viajado por todos los Estados Unidos. 3. ¿Han ido (Uds.) al museo de arte de Boston? 4. Virginia ha hecho trabajos muy buenos. 5. Los estudiantes han asistido a tres conferencias de ese autor. 6. Mi madre y yo hemos puesto la mesa todos los días.

4 1. Pedro y Natalia todavía no nos han dado las gracias. 2. Los estudiantes todavía no han contestado la pregunta. 3. Mi amigo Pablo todavía no ha hecho ejercicio. 4. Esas chicas todavía no han levantado pesas. 5. Tú todavía no has estado a dieta. 6. Rosa y yo todavía no hemos sufrido muchas presiones.

15.3 The past perfect

1 1. había sido 2. había mirado 3. había comido 4. había pasado 5. habíamos encontrado 6. habíamos ido 7. había visto 8. había ido 9. habían quedado 10. había tenido 11. había lastimado 12. me había preocupado

2 1. Tu novia nunca antes había ido al gimnasio por la mañana. 2. Carmen nunca antes había corrido en la maratón de la ciudad. 3. Nunca antes había visitado los países de América del Sur. 4. Los estudiantes nunca antes habían escrito trabajos de veinte páginas. 5. Armando y Cecilia nunca antes habían esquiado en los Andes. 6. Luis y yo nunca antes habíamos tenido un perro en casa. 7. Nunca antes habías conducido el coche de tu papá. 8. Ramón y tú nunca antes nos habían preparado la cena.

3 1. Cuando Lourdes llamó a Carla, Carla ya había salido. 2. Cuando tu hermano volvió a casa, ya habías terminado de cenar. 3. Cuando llegué a la escuela, la clase ya había empezado. 4. Cuando Uds. nos buscaron en casa, ya habíamos salido. 5. Cuando salimos a la calle, ya había empezado a nevar. 6. Cuando ellos fueron a las tiendas, las tiendas ya habían cerrado. 7. Cuando Lilia y Juan encontraron las llaves, Raúl ya se había ido. 8. Cuando preparaste el almuerzo, yo ya había comido.

4 Ya había empezado a jugar como jugador de golf profesional. Ya había ganado millones de dólares. Ya había sido el campeón más joven del Masters de golf. Ya había establecido muchos récords importantes. Ya había sido la primera persona de origen negro o asiático en ganar un campeonato. Ya había estudiado en la universidad de Stanford.

5 **Síntesis:** Answers will vary.

Lección 16

PREPARACIÓN

1 **Suggested answers:** 1. Hay tres puestos. 2. Los sueldos varían según la experiencia. 3. Los beneficios que ofrece la empresa son seguro de salud, plan de jubilación 401(k) y dos semanas de vacaciones. 4. Los aspirantes deben enviar un currículum y una carta de presentación. 5. El Sr. Martínez es el entrevistador. 6. No, el anuncio no explica que hay que llenar una solicitud.

2 1. anuncio 2. puesto 3. empresa 4. currículum 5. entrevistadora 6. salario/sueldo 7. beneficios 8. obtener 9. entrevista 10. aspirante 11. renunciar 12. profesión 13. éxito

3 1. reunión 2. pintor 3. bombera 4. currículum 5. renunciar 6. puesto

4 1. el/la diseñador(a) 2. el/la psicólogo/a; el/la consejero/a 3. el/la abogado/a 4. el/la reportero/a 5. el/la maestro/a 6. el/la científico/a

5 1. el/la carpintero/a 2. el/la pintor/a 3. el/la peluquero/a 4. el/la bombero/a

GRAMÁTICA

16.1 The future tense

1 1. Jugaremos/Jugarán al fútbol el jueves. 2. Habrá treinta personas en la clase. 3. Vendré a las nueve. 4. El jefe de Delia será Esteban./Esteban será el jefe. 5. Juan saldrá dentro de una hora. 6. Muchos amigos estarán en la fiesta.

2 1. Rosa irá todos los días al gimnasio. ¿Y Uds.? Nosotros/Uds. también iremos/irán todos los días al gimnasio. 2. Vendremos a la universidad el lunes. ¿Y tú? Yo también vendré a la universidad el lunes. 3. Carlos y Eva pondrán la televisión esta noche. ¿Y Lina? Lina también pondrá la televisión esta noche. 4. Traeré una botella de vino a la fiesta. ¿Y Pablo? Pablo también traerá una botella de vino a la fiesta. 5. Tu madre preparará un pavo para la cena. ¿Y nosotros? Nosotros/Uds. también prepararemos/prepararán un pavo para la cena. 6. Tú harás la tarea en la biblioteca. ¿Y ellos? Ellos también harán la tarea en la biblioteca.

3 1. Será la una de la tarde. 2. Estarán en casa. 3. Nevará hoy. 4. ¿Tendrá clase ahora? 5. Irán al cine luego. 6. Estaremos enfermos.

4 1. Lilia irá a tu casa tan pronto como la llames. 2. Viajaré a Europa cuando tenga dinero. 3. Uds. comprarán un coche en cuanto el nuevo modelo salga. 4. Podrás usar la computadora cuando Claudia se vaya. 5. Ricardo pondrá la música después de que los invitados lleguen. 6. Cuando vengas a mi casa, verás las fotos. 7. Buscaremos trabajo tan pronto como nos graduemos. 8. En cuanto Elsa termine el trabajo, su jefe le pagará.

16.2 The conditional tense

1 1. buscaría; encontraría 2. preguntaría 3. aconsejaría 4. solicitaría 5. llevaría 6. entrevistaría 7. hablaría 8. preguntaría 9. estaría 10. tendría

2 **Suggested answers:** Buscaría información sobre la empresa. Sabría lo que hace la compañía. Llenaría la solicitud de trabajo. Me vestiría de forma profesional. No me pondría sombrero. Llegaría temprano a la entrevista. Saludaría al/a la entrevistador(a). Tendría el currículum. Hablaría sobre mi carrera. No me reiría muy fuerte. Diría mi salario ideal. Haría preguntas sobre los beneficios. No comería nada en la reunión. Finalmente, daría las gracias al/a la entrevistador(a).

3 1. ¿Llevarías mi currículum al entrevistador, por favor? 2. ¿Llamarías a Marcos esta tarde, por favor? 3. ¿Escucharías la videoconferencia, por favor? 4. ¿Me darías un aumento de sueldo, por favor? 5. ¿Vendrías a trabajar el sábado y el domingo, por favor? 6. ¿Me buscarías en la oficina a las seis, por favor?

4 1. ¿Saldría a bailar anoche? 2. ¿Despediría su jefe a Natalia? 3. ¿Renunciaría Natalia a su puesto? 4. ¿Estaría loco su jefe?

5 1. Yo pensaba que mi jefe estaría enojado porque llegué tarde a la reunión. 2. Beatriz dijo que en la reunión presentaría al nuevo empleado. 3. Marta y Esther creían que en la reunión hablarían del aumento en los sueldos de los empleados. 4. Mi jefe dijo que el gerente tendría noticias buenas del éxito de la compañía.

16.3 The past subjunctive

1 1. hicieran 2. estudiara 3. fueras 4. escribiéramos 5. tuviera 6. fuera 7. se llevara 8. supieran 9. conociera 10. se entrevistaran

2 1. Era ridículo que los gerentes te pagaran tan poco dinero. 2. Lourdes esperaba que sus hijos obtuvieran un buen puesto. 3. Nosotros temíamos que el carro se dañara. 4. Queríamos que tú dijeras siempre la verdad. 5. Les aconsejé que escribieran su currículum con mucha atención. 6. Marta sintió que (nosotros) tuviéramos que esperarla.

3 1. el ascenso de Miguel fuera justo 2. todos los participantes supieran usar las computadoras 3. las reuniones no sirvieran para nada 4. Rosa tuviera que ahorrar mucho dinero para invertirlo 5. la videoconferencia fuera un desastre 6. los maestros recibieran salarios bajos

4 1. consiguieras 2. tuviera 3. fue 4. fuera 5. hiciste 6. afectara 7. tuviera 8. necesitaban

AVENTURAS EN LOS PAÍSES HISPANOS

1 1. **Cuba:** La Habana Vieja, población: 11.338.000, Guantánamo, Palacio de los Capitanes Generales 2. **República Dominicana:** el béisbol, Pedro Martínez, el merengue, Santo Domingo 3. **Puerto Rico:** Fajardo, Mayagüez, el fuerte El Morro, la Isla de Vieques

2 1. Caguas 2. Antillas 3. Caribe 4. Habana 5. Dominicana 6. Morro 7. Juan 8. Caballeros 9. Vieja 10. Puerto

3 **Horizontales** 1. plantas 2. Nueva York 3. Ponce 4. La Vega 5. El Morro 6. Camagüey 7. Caribe 8. balcones
Verticales 1. piratas 2. museo 3. Santiago de Cuba 4. sociales 5. Manny 6. merengue 7. béisbol 8. fuerte

4 **Suggested answers:** 1. La Habana Vieja es la parte Antigua de la capital de Cuba. 2. Es uno de los beisbolistas dominicanos que alcanzó el éxito y la fama en este deporte. 3. El merengue es un tipo de música que es muy popular en República Dominicana. 4. El Morro es un fuerte que está en la bahía de San Juan, Puerto Rico.

REPASO LECCIONES 13-16

1 1. La madre espera que Jorge consiga un trabajo pronto. 2. No negamos que trabajar más de ocho horas diarias es duro. 3. Es imposible que Marisa y Rubén ayuden con el nuevo proyecto. 4. Ustedes se alegran de que Natalia regrese a nuestra oficina. 5. Es cierto que el jefe gana mucho dinero.

2 1. ¡Comamos en casa! ¡No comamos en casa! 2. ¡Estudia por las noches! ¡No estudies por las noches! 3. ¡Visitemos a la abuela! ¡No visitemos a la abuela! 4. ¡Compra un coche nuevo! ¡No compres un coche nuevo! 5. ¡Limpiemos la casa! ¡No limpiemos la casa!

3 1. quieras 2. va 3. levanto 4. lleven 5. esté 6. deja

4 Has ido 2. he estado 3. he hecho 4. había visto 5. he cobrado 6. he depositado 7. ha cerrado 8. había estado 9. había preparado 10. había dado

5 1. gustaría 2. podríamos 3. tendría 4. interesaría; querría 5. irían

6 Answers will vary.

ANSWERS TO VIDEO ACTIVITIES

Lección 1

1 Answers will vary.

2 1. está 2. usted 3. Qué 4. Son 5. unos 6. yo 7. los 8. soy 9. llamo 10. gusto 11. Yo 12. Con

3 1. Ecuador 2. España 3. Puerto Rico 4. México

4 1. Álex 2. Inés 3. Maite 4. Sra. Ramos 5. Sra. Ramos 6. Sra. Ramos 7. Sra. Ramos 8. Álex 9. Javier 10. Sra. Ramos 11. Sra. Ramos 12. Javier 13. don Francisco 14. don Francisco 15. Sra. Ramos

5 Answers will vary.

6 Answers will vary.

Lección 2

1 Answers will vary.

2 1. Álex; Ricardo 2. Inés; Maite 3. Maite; Inés, Javier 4. Maite; Inés 5. Álex; Javier

3 chicas; estudiantes; chicos; hablar; estudiar; papel; computadoras; biblioteca

4 1. cuatro 2. dos 3. dos 4. geografía 5. periodismo 6. Quito 7. tres 8. arte 9. computación 10. computadoras

5 1. Álex 2. Inés 3. Álex 4. Ecuador 5. Javier 6. Maite 7. Inés 8. San Juan

6 1. Alex: la UNAM; ¡Qué aventura!; Hola, Ricardo... 2. Maite: periodismo; Radio Andina; ¡Adiós, Mitad del Mundo! 3. Inés: del Ecuador; cinco clases; estudiar mucho 4. Javier: historia, computación, arte; dibujar; de Puerto Rico

7 Answers will vary.

Lección 3

1 Answers will vary.

2 1. No 2. Sí 3. Sí 4. Sí 5. No 6. Sí

3 *a family dinner; Inés's sister-in-law, Francesca; Inés's nephew, Vicente; Inés's older brother; Inés's grandparents*

4 1. Cierto 2. Falso 3. Falso 4. Falso 5. Cierto

5 1. d 2. b 3. d 4. a 5. c 6. d 7. b 8. a

6 1. Inés tiene una familia grande. 2. No, Javier no tiene hermanos. 3. La madre de Javier se llama Margarita. 4. El sobrino de Inés tiene diez años. 5. El abuelo de Javier es simpático y trabajador.

7 Answers will vary.

Lección 4

1 Answers will vary.

2 1. Tienen 2. ir 3. vamos 4. hablar; tomar

3 dos chicos pasean en bicicleta; un chico y una chica bailan; un hombre pasea en bicicleta; un niño pequeño está con sus padres; dos chicos pasean

4 1. energía 2. pasear 3. parque 4. escribir 5. corre 6. correr 7. practica 8. tomar

5 1. parque 2. cabañas 3. Correr 4. postales 5. ciudad 6. periódico 7. libre 8. Otavalo 9. aficionado 10. Madrid 11. café 12. ecuatoriano

6 Answers will vary.

7 Answers will vary.

Lección 5

1 Answers will vary.

2 1. don Francisco 2. Maite 3. Álex 4. Inés 5. Javier

3 Los hoteles del Ecuador son impresionantes... hay hoteles de todos tipos.

4 1. hotel 2. cabañas 3. Quieren 4. descansar 5. bonita

5 1. Falso. Llegan a las cabañas 2. Cierto 3. Falso. Inés y Javier están aburridos. 4. Cierto 5. Cierto 6. Cierto

6 Answers will vary.

7 Answers will vary.

Lección 6

1 Answers will vary.

2 1. *four* 2. *three* 3. *five* 4. *two* 5. *six* 6. *one*

3 un centro comercial; unas camisetas; una tienda de ropa para niños

4 1. Vendedor 2. Inés 3. Javier 4. Inés 5. Javier

5 1. libre 2. hermana 3. suéter 4. montañas 5. blusa; sombrero 6. talla

6 1. Javier compró un suéter. 2. Javier prefiere la camisa gris con rayas rojas. 3 Inés compró una bolsa para su hermana. 4. Javier quiere comprar un suéter porque va a las montañas.

7 Answers will vary.

Lección 7

1 Answers will vary.

2 1. Javier 2. Javier 3. Álex 4. Álex 5. Javier

3 1. *three* 2. *six* 3. *two* 4. *one* 5. *five* 6. *four*

4 1. amigo 2. levantarme 3. me visto; te despierto 4. fui 5. Me; corro

5 1. Álex está leyendo su correo electrónico cuando vuelve Javier del mercado. 2. Sí. Álex piensa que es ideal para las montañas. 3. Javier no puede despertarse por la mañana porque no duerme por la noche. 4. Álex va a levantarse a las siete menos cuarto. 5. El autobús sale a las ocho y media. 6. La crema de afeitar está en el baño.

6 Answers will vary.

7 Answers will vary.

Lección 8

1 Answers will vary.

2 1. Javier 2. Sra. Perales 3. Sra. Perales 4. don Francisco 5. Maite

3 Hay una gran variedad de restaurantes en Madrid.

4 1. recomienda 2. visitarla 3. Se 4. conocer 5. tortillas; camarón

5 1. Sra. Perales 2. Álex; don Francisco 3. Sra. Perales 4. Álex 5. Sra. Perales 6. Sra. Perales

6 1. El Cráter es un restaurante. 2. La Sra. Perales es la dueña del restaurante. 3. Maite pide un caldo de patas y lomo a la plancha. 4. Álex pide las tortillas de maíz y el ceviche de camarón. 5. De beber, todos piden jugo de piña, frutilla y mora. 6. La Sra. Perales dice que los pasteles de El Cráter son muy ricos.

7 Answers will vary.

Lección 9

1 Answers will vary.

2 1. *three* 2. *one* 3. *five* 4. *two* 5. *four*

3 1. No 2. No 3. No 4. Sí

4 1. Javier 2. Maite 3. Inés 4. Álex

5 1. La Sra. Perales y el camarero le sirven un pastel de cumpleaños a Maite. 2. Los estudiantes le dejan una buena propina a la Sra. Perales. 3. Maite cumple los veintitrés años. 4. Los estudiantes toman vino. El conductor no puede tomar vino. 5. El cumpleaños de Javier es el primero de octubre. 6. El cumpleaños de Maite es el 22 de junio.

6 Answers will vary.

7 Answers will vary.

Lección 10

1 Answers will vary.

2 1. Javier 2. Dra. Márquez 3. Javier 4. Javier 5. don Francisco

3 una paciente; una computadora; enfermeras; una radiografía; letreros; unos edificios; un microscopio

4 1. Javier; clínica 2. Dra. Márquez; hace 3. Javier; duele 4. Dra. Márquez; roto 5. Javier; tobillo

5 1. a 2. c 3. d 4. b 5. a 6. b

6 1. No, Javier no tiene fiebre. Sí está un poco mareado. 2. Hace más de una hora que se cayó Javier. 3. La clínica donde trabaja la doctora Márquez se llama Clínica Villa Flora./Se llama Clínica Villa Flora. 4. No le gustaban mucho a don Francisco las inyecciones ni las pastillas./ A don Francisco no le gustaban mucho las inyecciones ni las pastillas. 5. Sí, Javier va a poder ir de excursión con sus amigos.

7 Answers will vary.

Lección 11

1 Answers will vary.

2 Con él habla.; Con el Sr. Fonseca, por favor.; ¡A sus órdenes!; ¡No me digas!; Viene enseguida.; No veo el problema.

3 calles; semáforos; carros; una motocicleta; monumentos; taxis; una mujer policía; una ambulancia

4 1. Inés 2. Javier 3. Javier 4. Álex 5. Javier

5 1. Álex llamó al Sr. Fonseca. 2. Inés aprendió a arreglar autobuses en el taller de su tío. 3. Inés descubre que el problema está en el alternador. 4. Javier saca la foto. 5. El asistente del Sr. Fonseca está escuchando la radio. 6. El autobús está a unos veinte kilómetros de la ciudad.

6 Answers will vary.

7 Answers will vary.

Lección 12

1 Answers will vary.

2 1. Falso 2. Cierto 3. Falso 4. Falso 5. Falso

3 balcones; puertas; apartamentos; una bicicleta; una vaca

4 Inés habla de la llegada de los estudiantes a la casa.; Inés dice que va a acostarse porque el guía llega muy temprano mañana.; Javier dice que los estudiantes van a ayudar a la señora Vives con los quehaceres domésticos.

5 1. c 2. a 3. b 4. c 5. b

6 1. El guía se llama Martín. 2. Javier puso su maleta en la cama. 3. La Sra. Vives es el ama de casa. 4. Don Francisco quiere que los estudiantes hagan sus camas. 5. Según don Francisco, los estudiantes deben acostarse temprano porque el guía viene muy temprano.

7 Answers will vary.

Lección 13

1 Answers will vary.

2 Hay un gran problema de contaminación en la ciudad de México.; En las montañas, la contaminación no afecta al río.; Es importante controlar el uso de automóviles.

3 un río; unas montañas; una flor; unas nubes; unos árboles

4 1. Maite; medio ambiente 2. Martín; sendero 3. Inés; lugares 4. Martín; contaminación 5. Maite; Espero

5 1. Falso. Maite dice que su carro es muy pequeño y no contamina mucho. 2. Falso. Martín dice que el río está contaminado cerca de las ciudades. 3. Falso. Maite piensa que el paisaje es muy hermoso. 4. Cierto 5. Falso. Martín dice que los estudiantes no deben tocar las flores y las plantas.

6 1. Sí, se pueden tomar fotos durante la excursión. 2. Según Javier, los paisajes de Puerto Rico son hermosos. 3. Deben recogerlos. 4. Va a usar el metro. 5. Según Álex, el aire de la capital de México está muy contaminado.

7 Answers will vary.

Lección 14

1 Answers will vary.

2 1. *five* 2. *one* 3. *three* 4. *four* 5. *two*

3 1. excursión 2. aconsejo 3. banco 4. correo 5. supermercado

4 Maite sugiere que vayan ella y Álex al supermercado para comprar comida.; Maite le pregunta al joven si hay un banco en la ciudad con cajero automático.; Álex y Maite toman un helado juntos.

5 1. c 2. a 3. b 4. a 5. c 6. d

6 Answers will vary.

7 Answers will vary.

Lección 15

1 Answers will vary.

2 1. Martín 2. Javier 3. Javier 4. Maite 5. don Francisco

3 una mujer que hace abdominales; un hombre que lleva pantalones cortos rojos; un hombre que levanta pesas

4 1. *three* 2. *one* 3. *five* 4. *two* 5. *four*

5 1. Falso. Según Javier, es muy bonita el área donde hicieron la excursión. 2. Falso. Hicieron los ejercicios de estiramiento antes de la excursión. 3. Falso. Don Francisco dice que el grupo debe volver a la casa porque la Sra. Vives les ha preparado una cena especial. 4. Cierto 5. Cierto

6 Answers will vary.

7 Answers will vary.

Lección 1

PREPARACIÓN

1 1. *Leave-taking* 2. *Introduction* 3. *Greeting* 4. *Greeting* 5. *Leave-taking* 6. *Introduction*

2 a. 2 b. 3 c. 1

PRONUNCIACIÓN

3 1. Gonzalo Salazar. 2. Ximena Díaz. 3. Cecilia Herrera. 4. Francisco Lozano. 5. Jorge Quintana. 6. María Inés Peña.

GRAMÁTICA

1.1 Nouns and articles

1 1. *feminine* 2. *masculine* 3. *feminine* 4. *masculine* 5. *masculine* 6. *masculine* 7. *feminine* 8. *feminine*

4 un diccionario, un **diario, unos** cuadernos, **una** grabadora, **un** mapa de **México, unos** lápices

1.2 Numbers 0-30

1 Juego 1: *The following numbers should be marked*: 3, 5, 25, 6, 17, 12, 21
Juego 2: *The following numbers should be marked*: 0, 30, 10, 2, 16, 19, 28, 22

3 1. 19 + 11 = 30 2. 15 – 5 = 10 3. 8 + 17 = 25 4. 21 – 12 = 9 5. 3 + 13 = 16 6. 14 + 0 = 14

1.3 Present tense of *ser*

1 1. nosotros 2. yo 3. tú 4. él 5. ellos 6. nosotros

3 1. b 2. a 3. b 4. a 5. a 6. b

5 1. Se llama Roberto Salazar. 2. Se llama Adriana Morales. 3. Es de California/Es de los Estados Unidos. 4. Es de San Juan, Puerto Rico. 5. Roberto es estudiante. 6. Adriana es profesora.

1.4 Telling time

1 1. Cierto 2. Falso 3. Cierto 4. Falso 5. Falso 6. Cierto

3 1. 12:00 p.m. 2. 9:15 a.m. 3. 8:30 a.m. 4. 3:45 p.m. 5. 10:50 a.m. 6. 1:55 p.m.

PREPARACIÓN

1 1. Falso 2. Cierto 3. Cierto 4. Falso 5. Falso 6. Cierto

PRONUNCIACIÓN

4 JUAN Buenos días. Soy Juan Ramón Montero. Aquí estamos en la Universidad de Sevilla con Rosa Santos. Rosa es estudiante de biología. Rosa, tomas muchas clases, ¿no?
ROSA Sí, me gusta estudiar.
JUAN ¿Te gusta el laboratorio de biología?
ROSA Sí, es muy interesante.

GRAMÁTICA

2.1 Present tense of regular *-ar* verbs

1 1. él/ella 2. ellos/ellas 3. tú 4. yo 5. nosotros 6. tú 7. ellos/ellas 8. nosotros

4 1. estudiamos 2. estudia 3. desea 4. tomo 5. cantar 6. bailar 7. canto 8. caminan 9. cantan

2.2 Forming questions in Spanish

1 1. a 2. b 3. a 4. a 5. a 6. b 7. a 8. b

3 1. Lógico 2. Ilógico 3. Ilógico 4. Lógico 5. Ilógico 6. Lógico

4 1. Está en Madrid (España). 2. Ofrecen español, historia de arte y literatura. 3. Practican el español día y noche. 4. Viajan a Toledo y Salamanca.

2.3 Present tense of *estar*

1 1. Falso 2. Falso 3. Cierto 4. Falso 5. Cierto 6. Cierto 7. Cierto 8. Falso

3 1. está 2. es 3. es 4. Somos 5. está 6. eres 7. están 8. Son

2.4 Numbers 31-100

1 1. 585-9115 2. 476-4460 3. 957-0233 4. 806-5991 5. 743-7250 6. 312-3374 7. 281-4067 8. 836-5581

3 **Para:** Carmen **De parte de:** Antonio Sánchez **Teléfono:** 785-6259
Mensaje: Hay un problema con la computadora. Él está en la residencia.

PREPARACIÓN

1 1. b 2. a 3. a 4. a 5. a 6. b 7. b 8. b

3 a. 4 b. 3 c. 1 d. 2

PRONUNCIACIÓN

4 1. Carlos Crespo es mi medio hermano. 2. El padre de Carlos es Emilio Crespo. 3. Es italiano. 4. Mi padre es Arturo Molina. 5. Carlos estudia administración de empresas. 6. Mi hija estudia lenguas extranjeras. 7. Diana es la novia de Carlos. 8. Somos compañeras y amigas.

GRAMÁTICA

3.1 Descriptive adjectives

4 bonita, simpática, inteligente, tonto, simpático, trabajador, alta, morena, vieja, buena

5 1. Falso 2. Falso 3. Cierto 4. Falso 5. Cierto 6. Cierto 7. Falso

3.2 Possessive adjectives

1 1. *our* 2. *his* 3. *my* 4. *their* 5. *your* (familiar) 6. *her* 7. *my* 8. *our*

2 1. a 2. a 3. b 4. b 5. b 6. a 7. a 8. b

3.3 Present tense of regular *-er* and *-ir* verbs

1 1. nosotros 2. él 3. ellos 4. yo 5. tú 6. ellos

4 a. 2 b. 4 c. 1 d. 3

3.4 Present tense of *tener* and *venir*

4 1. b 2. b 3. a 4. a 5. b 6. a

5 1. Falso 2. Cierto 3. Falso 4. Cierto 5. Falso 6. Falso

Lección 4

PREPARACIÓN

1 1. b 2. f 3. e 4. c 5. g 6. d

2 1. b 2. b 3. a 4. a

3 1. parque 2. centro 3. Ciudad 4. domingos 5. familias 6. deportes 7. baloncesto 8. ciclismo 9. pasean 10. museos 11. Monumento

PRONUNCIACIÓN

4 1. México es un país muy grande. 2. Los mexicanos son simpáticos y trabajadores. 3. Muchos turistas visitan Acapulco y Cancún. 4. Cancún está en la península de Yucatán. 5. Yo soy aficionada a los deportes acuáticos. 6. En mi tiempo libre me gusta nadar y bucear.

GRAMÁTICA

4.1 The present tense of *ir*

1 1. nosotros 2. él/ella 3. tú 4. ellos/ellas 5. yo 6. él/ella

4 1. Falso 2. Cierto 3. Cierto 4. Falso 5. Falso 6. Cierto

4.2 Stem-changing verbs: *e→ie, o→ue*

1 1. preferir 2. encontrar 3. pensar 4. dormir 5. perder 6. recordar 7. cerrar 8. empezar

3 1. Puedo ver el Ballet folklórico en el Palacio de Bellas Artes. 2. El concierto en Chapultepec empieza a la una de la tarde. 3. El Museo de Arte Moderno cierra a las seis. 4. México y Guatemala juegan en la Copa Internacional de Fútbol el viernes. 5. El campeonato de baloncesto comienza a las siete y media.

4.3 Stem-changing verbs: *e→i*

1 1. piden 2. excursión 3.diversión 4. repiten 5. quieren 6. consiguen 7. estar 8. seguir

2 1. a. 2. b. 3. a. 4. a. 5. b 6. b 7. a 8. b

3 1. Paola quiere una revista de ciclismo. 2. Paola repite porque Miguel no entiende bien. 3. No, no puede hacerlo. 4. Puede conseguir la revista en la tienda de deportes.

4.4 Verbs with irregular *yo* forms

1 1. b 2. a 3. b 4. b

3 1. la televisión 2. jugar al tenis 3. traen/van a traer 4. repite, oye (bien) 5. a las cuatro

Lección 5

PREPARACIÓN

1 1. la cabaña 2. julio 3. la cama 4. enero 5. confirmar 6. la playa 7. el tren 8. verano

2 1. b 2. a 3. b 4. a

3 1. Falso 2. Cierto 3. Falso 4. Cierto 5. Cierto

PRONUNCIACIÓN

4 1. Noventa turistas van en barco por el Caribe. 2. Visitan muchos lugares bonitos. 3. Los viajeros bailan, comen y beben. 4. Ellos vuelven de su viaje el viernes.

GRAMÁTICA

5.1 *Estar* with conditions and emotions

1 1. b 2. a 3. b 4. b

4 1. b 2. a 3. a 4. b

5.2 The present progressive

1 1. a 2. b 3. a 4. a 5. b 6. a

5.3 Comparing *ser* and *estar*

1 1. está 2. Están 3. Es 4. Es 5. Está 6. Está

4 1. Ilógico 2. Lógico 3. Ilógico 4. Ilógico 5. Ilógico 6. Lógico

5 1. Ponce está en Puerto Rico. Está cerca del mar Caribe. 2. Está lloviendo. 3. El Parque de Bombas es un museo. 4. Hoy es martes. 5. No va al Parque de Bombas hoy porque está cerrado.

5.4 Direct object nouns and pronouns

1 1. b 2. a 3. a 4. b 5. a 6. b 7. a 8. b

Lección 6

PREPARACIÓN

1 1. Lógico 2. Lógico 3. Ilógico 4. Lógico 5. Lógico 6. Ilógico 7. Ilógico 8. Lógico

2 1. a 2. b 3. b 4. a 5. a 6. a

4 1. Diana es la clienta. 2. No, no venden ropa para hombres en la tienda. (No, sólo venden ropa para mujeres.) 3. Va a comprar una falda y una blusa. 4. Puedes (Ud. puede) comprar guantes, pero no puedes (puede) comprar calcetines.

PRONUNCIACIÓN

4 1. Teresa y David toman el autobús al centro comercial. 2. Teresa desea comprar una chaqueta y un cinturón rosado. 3. David necesita una corbata verde y unos pantalones cortos. 4. Van a una tienda de ropa donde encuentran todo.

GRAMÁTICA

6.1 Numbers 101 and higher

1 1. Cierto 2. Falso 3. Falso 4. Cierto 5. Falso 6. Cierto

2 1. 534 2. 389 3. 1.275 4. 791 5. 2.164.000 6. 956 7. 15.670 8. 142 9. 694

4 **Pasaje de avión:** $619 **Barco:** $708 **Excursiones:** $225 **Total:** $1552

6.2 The preterite tense of regular verbs

1 1. *Preterite* 2. *Present* 3. *Preterite* 4. *Present* 5. *Present* 6. *Preterite* 7. *Preterite* 8. *Preterite*

4 **Tareas completadas:** Compró el pasaje de avión. Encontró su pasaporte. Preparó la maleta. Decidió no llevar la mochila.
Tareas que necesita hacer: Necesita confirmar la reservación para el hotel con la agente de viajes. Necesita leer el (su) libro sobre Cuba.

6.3 Indirect object pronouns

1 1. b 2. a 3. a 4. b 5. a 6. b

2 1. nosotros 2. ellos 3. yo 4. el /ella 5. tú 6. el/ella

3 **Suggested Answers:** 1. Le costó noventa pesos. 2. Le quiere dar un vestido a su hermana. 3. No, Norma nunca le regala nada a su hermana. 4. Lo compró en el almacén. 5. Le dice que todas las tiendas del centro comercial tienen muchas rebajas.

6.4 Demonstrative adjectives and pronouns

1 1. *this* 2. *that* 3. *these* 4. *that*

5 1. Falso 2. Falso 3. Cierto 4. Cierto

Lección 7

PREPARACIÓN

1 1. b 2. b 3. a 4. a

3 1. Falso 2. Falso 3. Cierto 4. Cierto

PRONUNCIACIÓN

4 1. Ramiro y Roberta Torres son peruanos. 2. Ramiro es pelirrojo, gordo y muy trabajador. 3. Hoy él quiere jugar al golf y descansar, pero Roberta prefiere ir de compras. 4. Hay grandes rebajas y ella necesita un regalo para Ramiro. 5. ¿Debe comprarle una cartera café o un suéter rojo? 6. Por la tarde, Ramiro abre su regalo. 7. Es ropa interior.

GRAMÁTICA

7.1 Reflexive verbs

1 1. a 2. b 3. a 4. b

3 1. b 2. a 3. b

7.2 Indefinite and negative words

1 1. Ilógico 2. Lógico 3. Lógico 4. Ilógico 5. Lógico 6. Ilógico 7. Lógico 8. Lógico

2 1. sino 2. pero 3. sino 4. sino 5. pero 6. sino 7. pero 8. pero

5 1. Cierto 2. Cierto 3. Falso 4. Cierto 5. Cierto 6. Falso

7.3 Preterite of *ser* and *ir*

1 1. ir 2. ser 3. ir 4. ir 5. ir 6. ser 7. ser 8. ir

4 1. Carlos fue al estadio./Fué a ver un partido de fútbol. 2. El partido fue estupendo porque su equipo favorito ganó. 3. Katarina y Esteban fueron al cine. 4. Esteban se durmió durante la película.

7.4 *Gustar* and verbs like *gustar*

1 1. a 2. a 3. a 4. a 5. b 6. b

4 **Le gusta:** nadar (la natación), ir de excursión al campo, el cine
No le gusta: el tenis, el sol, ir de compras
Pregunta: Los chicos van a quedarse (se van a quedar) en casa esta tarde.

Lección 8

PREPARACIÓN

1 1. pescado 2. bebida 3. verdura 4. pescado 5. carne 6. fruta 7. carne 8. bebida

2 a. 4 b. 6 c. 9 d. 1 e. 7 f. 3 g. 2 h. 8 i. 5

3 SEÑORA **Primer plato:** ensalada de lechuga y tomate **Plato principal:** hamburguesa con queso **Verdura:** papas fritas **Bebida:** agua mineral
SEÑOR **Primer plato:** sopa de verduras **Plato principal:** pollo asado **Verdura:** arvejas y zanahorias **Bebida:** agua mineral

PRONUNCIACIÓN

4 1. Catalina compró mantequilla, chuletas de cerdo, refrescos y aceite en el mercado. 2. Ese señor español quiere almorzar en un restaurante francés. 3. El mozo le recomendó los camarones con arroz. 4. En mi casa empezamos la comida con una sopa. 5. Guillermo llevó a Alicia al Café Azul anoche.

GRAMÁTICA

8.1 Preterite of stem-changing verbs

1 1. *Present* 2. *Present* 3. *Preterite* 4. *Present* 5. *Present* 6. *Preterite* 7. *Preterite* 8. *Preterite*

4 1. Falso 2. Cierto 3. Falso 4. Falso 5. Cierto 6. Cierto

8.2 Double object pronouns

1 1. b 2. a 3. a 4. b 5. b 6. a

4 1. Cierto 2. Falso 3. Cierto 4. Falso 5. Falso 6. Falso

8.3 *Saber* and *conocer*

1 1. Conozco 2. Saben 3. Conocemos 4. Conozco 5. Sé 6. Sabes

4 1. Falso 2. Cierto 3. Falso 4. Falso 5. Cierto 6. Cierto

5 1. a 2. a 3. b 4. a

8.4 Comparisons and superlatives

1 1. b 2. a 3. b 4. a 5. b 6. b

Lección 9

PREPARACIÓN

1 1. Ilógico 2. Lógico 3. Lógico 4. Ilógico 5. Ilógico 6. Lógico 7. Lógico 8. Ilógico

2 1. c 2. b 3. a 4. c

3 1. La fiesta es para Martín, su hijo. 2. La fiesta es el viernes a las ocho y media. 3. Es el cumpleaños de Martín. (Martín cumple veintiún años.) 4. La familia y los amigos de Martín van a la fiesta. 5. Los invitados van a cenar, a bailar y a comer pastel.

PRONUNCIACIÓN

4 Mirta, sabes que el domingo es el aniversario de bodas de Héctor y Ángela, ¿no? Sus hijos quieren hacerles una fiesta grande e invitar a todos sus amigos. Pero a Ángela y a Héctor no les gusta la idea. Ellos quieren salir juntos a algún restaurante y después relajarse en casa.

GRAMÁTICA

9.1 Irregular preterites

1 1. a 2. b 3. a 4. a 5. b 6. b 7. b 8. a

4 1. Supe 2. vinieron 3. dijo 4. condujeron 5. quedaron 6. hice 7. contestaron 8. pude 9. llamaron 10. preguntaron 11. dije

9.2 Verbs that change meaning in the preterite

1 1. nosotros 2. ella 3. yo 4. tú 5. ellos/ellas 6. yo 7. ellos/ellas 8. él/ella

3 1. Falso 2. Falso 3. Cierto 4. Cierto 5. Falso

4 1. Porque tuvo un examen hoy. 2. Supo que Pedro salió con Mónica anoche. 3. Se puso muy enojada. 4. Le dijo que no quiso salir más con él.

9.3 Relative pronouns

1 1. que 2. quien 3. que 4. lo que 5. quien 6. que 7. Lo que 8. que 9. quien 10. lo que

2 1. quienes 2. quien 3. que 4. lo que 5. que 6. lo que 7. quien 8. que

4 **Pistas:** 1. La agenda que encontró abierta en la mesa de la cocina. 2. La tía Ramona, que tiene una pastelería, estaba hablando mucho con Manuel en la fiesta. Ella le preguntó a Sandra cuál es su pastel favorito. 3. Manuel quien no habla mucho cuando está nervioso. 4. Mi prima Rita que habló para preguntar la hora de la fiesta.
Pregunta: Manuel está planeando hacer una fiesta sorpresa para Sandra.

9.4 *¿Qué?* and *¿cuál?*

1 1. Ilógico 2. Lógico 3. Ilógico 4. Lógico 5. Ilógico 6. Ilógico 7. Lógico 8. Lógico

4 1. a 2. c 3. c 4. a 5. b

Lección 10

PREPARACIÓN

1 **Lugares:** la sala de emergencia, la farmacia, el consultorio
Medicinas: la aspirina, la pastilla, el antibiótico
Condiciones y síntomas médicos: la infección, el resfriado, la gripe, la fiebre

2 1. b 2. b 3. a 4. b

PRONUNCIACIÓN

4 1. Esta mañana Cristina se despertó enferma. 2. Le duele todo el cuerpo y no puede levantarse de la cama. 3. Cree que es la gripe y va a tener que llamar a la clínica de la universidad. 4. Cristina no quiere perder otro día de clase, pero no puede ir porque está muy mareada. 5. Su compañera de cuarto va a escribirle un mensaje electrónico a la profesora Crespo porque hoy tienen un examen en su clase.

GRAMÁTICA

10.1 The imperfect tense

1 1. c 2. b 3. c 4. a 5. a 6. c 7. b 8. c 9. a 10. b

4 1. estornudaba 2. Pensaba 3. tenía 4. sentía 5. iba 6. molestaba 7. decían 8. tenía 9. era 10. había 11. sentía 12. sabía

10.2 Constructions with *se*

1 1. b 2. a 3. a 4. b 5. a 6. a

3 **Under the sign with the arrow:** (3.) Se sale por la derecha.
Under the sign with the skeletal hand: (4.) ¡No se puede hacer radiografías a mujeres embarazadas! Favor de informar a la enfermera si piensa que está embarazada.
Under the Agencia Real sign: (1.) Se venden casas y apartamentos. Precios razonables.
Under the no smoking sign: (2.) ¡Nos preocupamos por su salud! Se prohíbe fumar en el hospital.

10.3 Adverbs

1 1. c 2. a 3. b 4. a 5. c 6. b

4 1. b 2. c 3. a 4. b

Lección 11

PREPARACIÓN

1 1. el semáforo 2. chocar 3. el sitio Web 4. el ratón 5. el parabrisas, el mecánico 6. el disco 7. el archivo, la llanta 8. el módem

2 1. Ilógico 2. Lógico 3. Ilógico 4. Ilógico 5. Lógico 6. Lógico 7. Ilógico 8. Lógico

3 1. a 2. b 3. a 4. a

PRONUNCIACIÓN

4 El sábado pasado Azucena iba a salir a bucear con Francisco. Se subió al carro e intentó arrancarlo, pero no funcionaba. El carro tenía gasolina y, como revisaba el aceite con frecuencia, sabía que tampoco era eso. Decidió tomar un autobús cerca de su casa. Se subió al autobús y comenzó a relajarse. Debido al tráfico llegó tarde, pero se alegró de ver que Francisco estaba esperándola.

GRAMÁTICA

11.1 The preterite and the imperfect

1 1. subió, quería 2. vio, estaba 3. llegó, eran 4. conocieron, llevaban 5. chocó, estábamos 6. compré, era 7. pusieron, íbamos 8. llevó, funcionaban

3 1. Falso 2. Falso 3. Falso 4. Cierto 5. Cierto 6. Falso

11.2 *Por* and *para*

1 1. para 2. para 3. por 4. por 5. por 6. por 7. para 8. por

3 1. a 2. a 3. a 4. b

11.3 Stressed possessive adjectives and pronouns

1 1. *mine* 2. *yours* 3. *his* 4. *theirs* 5. *ours* 6. *mine* 7. *yours* 8. *hers*

3 1. Falso 2. Falso 3. Falso 4. Falso 5. Cierto 6. Falso

Lección 12

PREPARACIÓN

1 a. 3 b. 7 c. 2 d. 8 e. 6 f. 1 g. 4 h. 5

2 1. el armario 2. el tenedor 3. el cuadro 4. la pared 5. el alquiler 6. el cubierto 7. la servilleta 8. la vivienda

4 1. Falso 2. Cierto 3. Falso 4. Falso 5. Cierto 6. Falso

PRONUNCIACIÓN

4 1. Doña Ximena vive en una casa de apartamentos en el extremo de la Ciudad de México. 2. Su apartamento está en el sexto piso. 3. Ella es extranjera. 4. Viene de Extremadura, España. 5. A Doña Ximena le gusta ir de excursión y le fascina explorar lugares nuevos.

GRAMÁTICA

12.1 Formal (*Ud.* and *Uds.*) commands

1 1. No 2. Sí 3. Sí 4. No 5. Sí 6. Sí 7. No 8. No 9. No 10. Sí

5 a. 2 b. *blank* c. 5 d. *blank* e. 1 f. 3 g. 4

12.2 The present subjunctive

1 1. tomemos 2. conduzcan 3. aprenda 4. arregles 5. se acuesten 6. sepas 7. almorcemos 8. se mude

4 1. c 2. b 3. a

12.3 Subjunctive with verbs of will and influence

1 1. Sí 2. No 3. Sí 4. No 5. No 6. Sí

4 **Suggested answers:** 1. El Sr. Barriga quiere que los chicos le paguen el alquiler. 2. Le pide que les dé más tiempo. 3. Les sugiere que pidan dinero a sus padres y que Juan Carlos encuentre otro trabajo pronto. 4. Los chicos tienen (van a tener) que mudarse. 5. Al final, el Sr. Barriga insiste en que le paguen el alquiler mañana por la mañana.

Lección 13

PREPARACIÓN

1 1. Lógico 2. Ilógico 3. Lógico 4. Ilógico 5. Lógico 6. Lógico

2 a. 4, 6, 1 b. 1 c. 5 d. 3 e. 6 f. 2

4 1. ecoturismo 2. selva 3. naturaleza 4. descubra 5. bosque 6. plantas 7. pájaros 8. río 9. cielo 10. estrellas 11. mundo

PRONUNCIACIÓN

4 1. Sonia Valenzuela es de Barranquilla, Colombia. 2. A ella le importa mucho la ecología. 3. Todos los años ella viaja miles de millas para pedirle a la gente que no destruya la selva. 4. No importa que llueva o haya sol, Sonia lleva su mensaje. 5. Le dice a la gente que la tierra es suya y que todos deben protegerla para controlar la deforestación.

GRAMÁTICA

13.1 The subjunctive with verbs of emotion

1 1. a 2. b 3. b 4. a 5. a 6. b

4 1. Falso 2. Falso 3. Falso 4. Cierto 5. Cierto 6. Falso

13.2 The subjunctive with doubt, disbelief, and denial

1 1. *Subjunctive* 2. *Subjunctive* 3. *Indicative* 4. *Indicative* 5. *Subjunctive* 6. *Subjunctive* 7. *Indicative*

3 1. b 2. a 3. b 4. a 5. b 6. c 7. a 8. c

13.3 The subjunctive with conjunctions

1 1. Lógico 2. Ilógico 3. Lógico 4. Ilógico 5. Ilógico 6. Lógico

2 a. 2 b. 1 c. 4 d. 3

3 1. *habitual action* 2. *future action* 3. *past action* 4. *future action* 5. *habitual action* 6. *past action*

Lección 14

PREPARACIÓN

1 1. Lógico 2. Lógico 3. Ilógico 4. Lógico 5. Ilógico 6. Lógico 7. Lógico 8. Ilógico

2 1. Lavandería Rosa 2. Peluquería Violeta 3. Oficina de Correos 4. Banco Nacional 5. Joyería Andes 6. Librería Gallegos 7. Pastelería Simón 8. Zapatería Valencia

4 **Suggested answers:** 1. Buscan el correo. 2. Un cartero les da la dirección. 3. Deben doblar a la derecha. 4. Está a tres cuadras del semáforo.

PRONUNCIACIÓN

4 Bienvenidos a Venezuela. En un momento vamos a tomar el moderno metro a un centro comercial en Sábana Grande. Mañana, vamos a conocer muchos monumentos magníficos y el lugar de nacimiento de Simón Bolívar. Martes, viajamos a Mérida, una ciudad muy hermosa en las montañas. El miércoles, navegamos en el mar cuarenta millas a la maravillosa isla Margarita.

GRAMÁTICA

14.1 The subjunctive in adjective clauses

1 1. No 2. No 3. Sí 4. No 5. Sí 6. No

2 1. tenga 2. venda 3. vende 4. hagan

4 1. Claudia Morales 2. Alicia Duque 3. Rosalinda Guerrero 4. Gustavo Carrasquillo

14.2 Familiar (*tú*) commands

1 1. No 2. No 3. Sí 4. Sí 5. Sí 6. No 7. No 8. Sí 9. No 10. Sí

2 1. Oficina de correos 2. Supermercado Gigante 3. Panadería La Francesita 4. Banco Orinoco 5. Restaurante Del Mar 6. Estación de trenes 7. Cine Rex 8. Casa

3 1. Camina por las calles de la ciudad. 2. Entra a un museo de arte. 3. Visita el Canal de Panamá. 4. Sube una montaña. 5. No acampes en la selva. 6. No compres demasiado.

14.3 *Nosotros/as* commands

1 1. Sí 2. No 3. Sí 4. Sí 5. No 6. No

4 1. Falso 2. Cierto 3. Falso 4. Cierto 5. Falso 6. Falso

Lección 15

PREPARACIÓN

1 1. la droga 2. descafeinado 3. merendar 4. apurarse 5. la grasa 6. disfrutar

2 1. Cierto 2. Falso 3. Cierto 4. Cierto

3 **lunes:** 6:00 clase de ejercicios aeróbicos **martes:** correr con Sandra y Fernando **miércoles:** 6:00 clase de ejercicios aeróbicos **jueves:** correr con Sandra y Fernando **viernes:** 7:00 hacer gimnasia con el monitor **sábado:** 6:00 clase de ejercicios aeróbicos **domingo:** correr con Sandra y Fernando

PRONUNCIACIÓN

4 1. Anoche, Pancho y yo fuimos a ver una película. 2. Cuando volvíamos, chocamos con el coche de una señora de ochenta años. 3. Enseguida llegó la policía al lugar. 4. La señora estaba bien pero, por su edad, nos apuramos y llamamos a una ambulancia para ella. 5. Pancho sólo se lastimó la pierna y a mí me dolía la cabeza. 6. En la sala de emergencia en el hospital, nos dijeron que no teníamos ningún problema. 7. Por suerte, todo salió bien. 8. Bueno, Pancho se quedó sin coche por unos días, pero eso no es tan importante.

GRAMÁTICA

15.1 Past participles used as adjectives

1 1. acompañada 2. cubierta 3. rotas 4. firmado 5. abierta 6. divertido 7. aburridas 8. hecha

3 1. Falso 2. Cierto 3. Falso 4. Cierto 5. Falso 6. Falso 7. Falso 8. Cierto

15.2 The present perfect

1 1. nosotros 2. él/ella 3. yo 4. tú 5. ellos/ellas 6. él/ella

4 1. b 2. a 3. a 4. c

15.3 The past perfect

1 1. Ilógico 2. Ilógico 3. Lógico 4. Lógico 5. Ilógico 6. Lógico

4 **Conversación:** JORGE ¡Hola, chico! Ayer vi a Carmen y no me lo podía creer, me dijo que te **había visto** en el gimnasio. ¡Tú, que siempre **habías sido** tan sedentario! ¿Es cierto?

RUBÉN Pues, sí. **Había aumentado** mucho de peso y me dolían las rodillas. Hacía dos años que el médico me **había dicho** que tenía que mantenerme en forma. Y finalmente, hace cuatro meses, decidí hacer gimnasia casi todos los días.

JORGE Te felicito, amigo. Yo también **he empezado** hace un año a hacer gimnasia.. ¿Qué días vas? Quizás nos podemos encontrar allí.

RUBÉN **He ido** todos los días al salir del trabajo. ¿Y tú? ¿Vas con Carmen?

JORGE Siempre **habíamos ido** juntos hasta que compré mi propio carro. Ahora voy cuando quiero. Pero la semana que viene voy a tratar de ir después del trabajo para verte por allí.

Preguntas: 1. Es extraño porque (Rubén) siempre había sido (tan) sedentario. 2. El médico le había dicho (a Rubén) que tenía que mantenerse en forma. 3. Jorge no va al gimnasio con Carmen porque compró su propio carro./Jorge no va al gimnasio con Carmen porque ha comprado su propio carro.

Lección 16

PREPARACIÓN

1 1. abogado 2. peluquera 3. cocinero 4. psicóloga/consejera 5. reportero/periodista 6. arqueóloga

2 1. Cierto 2. Falso 3. Falso 4. Cierto 5. Cierto 6. Falso

3 **Suggested answers:** 1. Es una empresa (agencia) de trabajo (empleo). 2. Ayuda a los clientes a obtener (conseguir) entrevistas y ofertas de empleo. 3. El Sr. Mendoza es electricista. 4. La empresa le va a dar un aumento de sueldo. 5. No se especializa en ninguna profesión. Tiene ofertas de empleo para todas las profesiones.

PRONUNCIACIÓN

3 PACO ¡Aló! Deseo hablar con la gerente.
ISABEL Lo siento. En este momento la Sra. Morales está en una reunión. ¿Puedo ayudarle en algo?
PACO Creo que sí. ¿Sabe cúando voy a poder hablar con ella? ¡Es importante!
ISABEL La verdad es que no lo sé. Si quiere, puede llamar en una hora. ¿Quiere que le deje una nota?
PACO Mire, no se preocupe. Vuelvo a llamar en una hora. Gracias.

GRAMÁTICA

16.1 The future tense

1 1. Uds. 2. él/ella 3. yo 4. tú 5. nosotros 6. yo 7. él/ella 8. Uds.

4 1. Falso 2. Falso 3. Cierto 4. Cierto

16.2 The conditional tense

1 1. b 2. a 3. a 4. c 5. b 6. a 7. c 8. b 9. c 10. b

4 1. Falso 2. Cierto 3. Cierto 4. Falso 5. Cierto 6. Falso

16.3 The past subjunctive

1 1. Sí 2. No 3. No 4. Sí 5. Sí 6. No 7. Sí 8. No 9. No 10. Sí 11. No 12. Sí

4 **Suggested answers:** 1. El jefe le pidió que fuera (viniera) a su oficina. 2. Le pidió que cerrara la puerta y que se sentara. 3. Le preguntó si quería renunciar a su puesto. 4. Le dijo que no se preocupara porque ella quería cambiar de trabajo y tenía una oferta muy buena.